JN221682

トルコ料理の誘惑

私を虜（トリコ）にした食と文化

井藤聖子 ITO Kiyoko

現代企画室

トルコ料理の誘惑

私を虜（トリコ）にした食と文化

井藤聖子

目次

はじめに 5

第1章 トルコ料理はどこからきたのか 9
遊牧民の乳製品、ビザンチン帝国のワイン、オスマン帝国の宮廷料理

第2章 近代化の波とオスマン宮廷料理の変革 41
トマトが率いた料理革命

第3章 コーヒーに集う市民たちの嗜好と贅沢 57
コミュニケーションの場としてのカフヴェハネ

第4章 イスラムの年中行事を食べ尽くす 79
ラマザン、そして、バイラム

第5章 帝国は滅ぶともスイーツは滅びず 101
現代に生きる名菓たち

第6章　トルコ食文化の担い手たち　121
屋台の行商人から高級レストランのシェフまで

第7章　現代トルコ家庭の「いえごはん」　143
あるトルコ人女性の食生活史をみつめて

別　章　トルコ人はどこからきて、どこに定着したのか　165
トルコ人の歴史と土地

トルコ料理　お薦めのレシピ集　176

参考文献　187

あとがき　193

はじめに

「トルコ料理は世界三大料理の一つなのですよね。」

十六年間のトルコ暮らしのかたわら、私がトルコ料理のレシピを収集したり実際に料理を作ったりしているという話をすると、きまって返ってくるのがこの言葉だ。そして、その言葉の後に、かならずといってよいほどこんな質問が続く。

「トルコ料理ってどんな料理なのですか？　何が一番おいしいですか？」

「トルコって暑くて砂漠があるんでしょう？」「トルコ文字って難しいんでしょう？」

「世界三大料理の一つ」という言葉だけは知られているが、トルコ料理がどんな料理なのか、また、それを育んできたトルコの社会や文化、歴史がどのようなものなのか、日本ではほとんど何も知られていない。トルコ料理を食べた経験がある人はいまだ少なく、耳にすることのあるトルコの食べ物といえば、「ケバブ」か「伸びるアイス」くらいだ。また、トルコに砂漠はなく、イスタンブルの緯度は青森県の下北半島とほぼ同じ。そして、現代のトルコ文字は、アルファベットを基本にしている。

　世界三大料理の残りの二つである、フランス料理と中国料理は、すでに日本でも馴染み深い料理である。無数のフレンチレストランや中国料理店が日本の隅々にまで店を構え、それぞれが味に腕を競っている。また、多くの若い日本の料理人たちが、その料理の極意を習得しようと本場の地をめざして留学や修行の旅にでかけている。

しかし、トルコ料理については、いまだそのような動きはみられない。

一九九六年にトルコの地方大学に日本語講師として赴任して以来、二〇一二年にイスタンブル大学からトルコ口頭伝承文芸研究で学位を受けるまでの十六年間に及ぶトルコ生活で、私は、じつにさまざまなトルコ料理を口にし、その豊富な彩りと深い味わいに心から魅了された。最初の赴任地だったアナトリア高原の地方料理、招かれて泊まった友人の実家の地中海地方料理、研究生活の場だった旧帝都イスタンブルのオスマン宮廷料理。また、旅行で訪れた黒海地方、南東地方、エーゲ海地方のそれぞれ独特の趣を秘めた地方料理。思えば、それら料理との出逢いはいつも刺激的で、それぞれ忘れることのない経験だった。そして、訪ねた多くの家庭で、自慢の家庭料理の作り方を教えてもらい、それを自分のレシピ帳に加えた。このレシピ帳は、今もページを増やし続けていて、私の終生の宝物になるに違いない。

ところが、これだけ多種多様なトルコ料理に触れてきた私ではあるが、私自身、訊ねられるたびに、トルコ料理とはどんな料理なのか明快に答えることができなかった。その疑問に答えを見いだしたいと痛切に思い、この度、あらためてトルコ料理についてその全体像を捉える作業を試みた。それに際して、専門分野のトルコ口頭伝承文芸や民俗学の視点も加えて、過去の経験をもう一度整理し、乱読してきたトルコ語の文献を系統的に読み直した。

そうすることで、今まで気がつかなかった多くの新しい発見があり、また、深い認識に到達することができた。さらに、料理をとおして、トルコの社会、文化、歴史についても、より深く理解できたように思う。

本書は、この作業をとおして得たさまざまな新しい発見や事象をまとめたものである。本書を書くにあたっては、たんに料理だけでなく、トルコの文化や歴史についてもよりよく理解できるよう努めた。本書をお読みいただくことで、トルコ料理とそれを育んできたトルコの社会についてその輪郭を掴んでいただけるなら望外の喜びである。

まずは皆さまにも、「トルコ料理とはなにか」という問いを心に留めながら、本書を読み始めていただきたいと願う次第である。

それでは、ようこそトルコ食文化の世界へ。

第1章

トルコ料理はどこからきたのか

遊牧民の乳製品、ビザンチン帝国のワイン、オスマン帝国の宮廷料理

ドルマ（詰めもの料理）はトルコでポピュラーな料理のひとつ。レシピ→183頁。

一　トルコ食文化を育んだ歴史と土地

トルコ料理を歴史的に継承してきたトルコ人たちは、古代から連綿と今日のトルコ共和国があるアナトリア（日本ではアナトリア半島とも呼ばれる）地域に住んできたわけではない。彼らの歴史は紀元前にまで遡り、モンゴルの北で始まったといわれている。トルコの人々は、自分たちの祖先をトゥルクと呼び、モンゴル高原や中央アジアからやってきた遊牧民だと信じている。だから、今日のトルコの食文化について語るには、このトゥルク人の「民族の歴史」とアナトリアという「土地の歴史」を語ることから始めなければならない。

しかし、そうはいっても、この二千年を超える民族と土地の歴史から第一章を始めるとしたら、読者は、まるで、世界史の授業で聞いたこともない国の歴史を無理やり詰め込まれる高校生のように、興味を失なってしまうか、寝てしまうに違いない。そこで、私は、それらを大胆にすっ飛ばして、トルコの食文化の歴史からいきなり始めることにする。

その代わり、トゥルク人の歴史とアナトリアの土地の歴史については、巻末に別章を設けてまとめた。本書の大半を読みおえ、トルコ食文化の歴史にご理解をいただいた後なら、きっと興味を持って読んでいただけるに違いないと思う。

というわけで、まず最初に、トルコ食文化を構成する基本的要素を結論的に列挙してしまおう。

トルコの食文化とは、騎馬遊牧民であったトゥルク人の食文化、そして、彼らがイスラム化する過程でアラブ人やイラン人から受け入れたイスラムの食文化、アナトリア進出後のオスマン帝国の食文化、それに加えて、アナトリア地域の土地に染み込んだ文化的遺産としてのギリシャやビザンチンの食文化が影響し合い、独自の進化と変容を遂げたものである。これらの要素が渾然と融合し、今日のトルコ食文化を形成している。

それでは、以下、トルコの食文化の形成にかかわったこれら多彩な要素について解き明かしていくことにしよう。ここでは、これらの要素を、①遊牧民から受け継いだ食文化、②アナトリアの土地とビザンチン帝国から受け継いだ食文化、そして、③アラブやペルシャのイスラム食文化を吸収しつつ成熟していったオスマン帝国時代の宮廷料理と食文化の三つに整理して見ていくことにしたい。

ところで、オスマン帝国の宮廷料理は、十九世紀にヨーロッパから押し寄せた近代化の波を受けて始まったタンジマートと呼ばれる社会改革の中で、大きな変化を遂げた。そして、このタンジマート改革以後の宮廷料理こそが、現代ト

1-1　トルコとその周辺地図

ルコ料理に直結している。そこで、この現代トルコ料理に直結するタンジマート以後の宮廷料理（新宮廷料理）とその食文化については、とくに章を分けて、続く第2章で詳しく述べることにしたい。

二　遊牧民から受け継いだもの――家畜と乳製品

ヨルックと呼ばれる遊牧民

一般に、遊牧民とは、馬、羊、ヤギ、牛やラクダなどの家畜とともに、夏の住居地と冬の住居地の間を定期的に移動して暮らす人々のことである。現在のトルコでも、ヨルック（Yörük）と呼ばれる遊牧民が、アナトリア半島の南部を横に伸びるトロス山脈を中心に、およそ四十万人程度暮らしていることが知られている。

二〇一〇年四月にトルコ南東部のシリア国境に近いマルディン周辺を旅行した時、偶然、このヨルックの一隊が羊とヤギの群れを率いて移動しているところに出会った。芽吹いたばかりの芝草が大地を覆う光景が遥か遠くまで広がる高原の一本道を車で走っていたときだった。自動車道路の脇をヨルックの間延びした隊列が、ゆっくりと進んでいた。

先頭を、スカーフを巻きシャルヴァル（もんぺに似た衣類）を穿いた女性が二人、それぞれ馬を引いて歩いていた。一頭の馬の背には、大きなアルミ製のタライがくくりつけられていた。別の馬の背には、プラスチック製ボトルがいくつもロープで結びつけられていた。ボトルには水や家畜の乳が入っていたのだろう。列の中には、背中に毛布や布団、座布団をくくりつけられた馬もいた。振り分けになった布袋を背負ったロバもいた。よく見ると、その布袋から、生まれたばかりと思われる子ヤギの顔が覗いていた。ロバには少年がまたがり、手綱を握っていた。そして、列の最後には、何十頭もの羊の群れが続いていた。

ヨルックの人々は、このような隊列を組み、悠然と移動しながら、長い歴史の時間をも超えてきたのだろう。

遊牧民の食生活

これら遊牧民は、家畜の肉を常食していると思われがちだが、家畜は本来大切な財産であるため、日常的に食べるものではない。それでもまれに、イスラム教の儀式や親族の祝い事などで家畜を屠って食べることはある。そんなときは、家畜、たとえば羊などは、すべての部位を余すことなく食する。肉はもちろんのこと、内蔵や脳、頭部や顔面、ひづめが付いた脚先も食べる。骨も髄とともにスープの出汁に使われる。

かつてイスタンブルで勉強していたころ、私が住んでいた街の肉屋では、店内の冷蔵ショーケースに歯をむいた羊の頭が焼かれて並んで

1-2　遊牧民ヨルックの隊列

いた。ひづめが付いた羊の脚先が何本もパックに詰められて売られていた。まさに捨てるところがないのは、日本の魚食文化に似ている。(食肉については、犠牲祭を扱った第4章で詳しく書いたので、それを参照いただきたい。)

まれにしか食べない肉に対して、遊牧民のおもな食事といえば、バターやチーズ、ヨーグルトなどの乳製品だ。

遊牧時代の食生活について書かれたメフメット・アルパルグの著作によれば、「(遊牧を生業としていた)トゥルク人たちにとって、すでに家畜の乳や乳で作られた食品の重要度は非常に高いものであった」とされる。彼らはバターを生乳からではなく、ヨーグルトから作ったといわれる。

十一世紀にマフムード・アル・カシュガーリが初めてトルコ語で著した辞典の中にも、ヤギ、羊、牛から摂る乳がきわめて重要な栄養源であったことを示唆する記述が存在する。この記録の存在は、セルチュク朝以前のトゥルク人の社会において、すでに乳製品が重要な食品であったことを示唆する。

ヨーグルトの発明

今日、世界各国で食されているヨーグルトは、トルコ語ではヨーウルト(yoğurt)と呼ばれている。この言葉からもお分かりのように、ヨーグルトは、そもそもトルコに出自をもつ食べ物であるといっても過言ではない。そして、トゥルク人が中央アジアの平原で遊牧生活を送っていた時代にその起源を遡ることができる。真偽は分からないが、遊牧時代のトゥルク人たちが羊の乳を羊の革で作った革袋に入れて運んでいるときに、偶然、乳が発酵し、それがヨーグルトの起源になったという伝説を聞いたことがある。現在、トルコで食べられているヨーグルトは、羊の乳から作られたものもないわけではないが、大半は牛の乳から作られたものである。

私が住んでいた街には、イスタンブル郊外の酪農家たちが絞り立ての牛乳を週に一度売りに来た。地元のトルコ人たちは、その行商のミルクを戸口で買い求め、消毒のために半時間ぐらい沸騰させて、自家製ヨーグルトを作った。行商が来ない街に住んでいた友人のトルコ人男性は、スーパーで市販の牛乳を買って来て、自分でヨーグルトを作っていた。

食事の一部としてのヨーグルト

日本で売られているヨーグルトには、砂糖や果物が入って甘く味付けされたものが多い。これは日本だけではないようで、オーストラリアを旅行した時、甘くないヨーグルトを手に入れるのにひと苦労した覚えがある。これらの国々では、ヨーグルトはデザートやお菓子の類として認識されているのだろう。

これとは異なり、トルコでは、ヨーグルトはデザートではない。食事とともにそのまま食べるか、前菜やスープなどの調味料、または主菜にかけるソースとして使われる。

たとえば、ソースとして使われる場合には、撹拌したヨーグルトにすりおろしたニンニクが加えられることがよくある。塩・胡椒などは使わない。このヨーグルトソースを口にいれると、ピリっとした刺激が舌を刺し、また、ニンニクの風味が鼻腔に上ってきて食欲を増進させる。このソースは、とりわけトマト味の料理には欠かせないものだ。また、素揚げしたズッキーニや茄子などの野菜に合わせると、ありふれた野菜がすばらしい前菜の一品に化ける。

ヨーグルトは食事の一部として食されるため、スーパーなどで売られているヨーグルトの量は、日本で売られているヨーグルトなどと比べると、桁外れに多い。四キロ入りヨーグルトなどは、バケツほどの大きさの容器に入っているのだが、それがごく当たり前のように、ずらりとスーパーの冷蔵ケースに並んでいる。

また、「カイマック入り」と表示されたヨーグルトも売られている。原乳の脂肪成分（これがカイマックである）が膜状の層になってヨーグルトの表面を覆っている。このヨーグルトは普通のヨーグルトと比べて濃厚かつなめらかで実においしい。「カイマックなし」のヨーグルトも売られているが、私の好みを言えば、やはりカイマック入りのヨーグルトを選んでしまう。カイマック入りのヨーグルトが売られていない日本では味わうことのできない贅沢の一つである。

塩入りのヨーグルトドリンク「アイラン」

ヨーグルトといえば、トルコには、アイランという昔からの飲み物がある。「ヨーグルトドリンクは甘いもの」という先入観を持っている日本人には、信じられないかもしれないが、トルコのヨーグルトドリンクであるアイランには、塩が入っている。これが、盛夏には、脱水症状や熱中症予防に効果がある大変すぐれた飲み物となる。実際、日中の暑さがきびしい内陸の町や暑くて湿度の高い地中海岸の都市などでは、夏の客人には、先ず、この塩入りヨーグルトドリンク、アイランでもてなすと聞く。

アイランは家庭で作られるものだけではなく、プラスチック容器入りのものがスーパーやドゥッキャンと呼ばれる街角の商店で売られている。しかし、なんと言っても専門店で作られる自家製のアイランは別格だ。レストランや食堂に入った時、もし自家製アイランがメニューにあれば、私はかならず「泡付き?」と尋ねる。そして、「エヴェット（はい）」と答えが返ってくると、一も二もなくそれを注文する。

注文後、ほどなくして運ばれてきたグラスのアイランの表面には、ふわふわとした乳白色の泡がこんもりと盛り上がっているのだ。グラスに口をつける前に、まずこの泡をスプーンですくって口にふくめる。クリーミーな泡が口の中でまろやかに溶けていく。この舌触りが格別だ。家で作ったりスーパーで売られたりしているアイランにはない特別の味わいなのである。

その他の乳製品――チーズ

遊牧民文化から受け継がれた乳製品は、ヨーグルトだけではなく、チーズやバターなどもある。トルコのそれぞれの地方には、その土地固有の特徴のあるチーズが作られ、食べられてきた。たとえば、トルコ東部のアルメニアとジョージアに近いエルズルム県産のトゥルム・チーズは、ヤギの乳をヤギの革袋の中で発酵させたチーズとしてトルコ全土で有名だ。また、ダーダネルス海峡に面したチャナッカレ県産のエズィネ・チーズ（白チーズの一種）は、ヤギと羊と牛の混合乳を発酵させて作られ、その豆腐のような柔らかい食感が根強い人気を保っている。

これら地方色豊かなチーズがある一方、白チーズ（これについては

1-3　錫の専用カップにつがれたアイラン

第7章で詳説する）や、「溶けるチーズ」として知られているカシャール・チーズなどのように、トルコ中の家庭で広く食べられているチーズもある。これらのチーズがなければ、トルコの朝ご飯は始まらないと言ってよい。こうしてみると、トルコ全体で一体何十種類のチーズがあるのだろうか。考えるだけで気が遠くなってくる。

いずれにせよ、かくも乳製品が豊富なトルコでは、ヨーグルトもチーズも、日本で売られているのとは種類も規模も大きく違う。そもそもトルコの牛乳生産量は、最近では、年間約千六百万トンを上回る水準を示しており、これは日本の牛乳生産量の二倍を優に超え、世界ランキングでは十位以内に入る。また、ヨーグルトは年間約二百八十万トンで、日本の約三倍弱。チーズは年間約二十万トンで、日本の約一・五倍である。さすが、遊牧民の子孫を自称するだけのことはあるのだ。

三　アナトリアの土地、そして、ビザンチン帝国から受け継いだもの——海産物と酒

海との遭遇

中央アジアからやってきたトゥルク人たちがイスラム教徒となり、アナトリアの地に進出してオスマン帝国を築いたのだが、その土地は、もともとはキリスト教を信仰し、ギリシャ語を話す

ビザンチン帝国（東ローマ帝国）の土地であった。よって、今日のトルコ人たちの食文化は、このビザンチン帝国の食文化も引き継いでいる。

内陸の中央アジアからやってきた彼らは、アナトリアの地に着いて初めて海に出会った。「海の幸」に縁遠かった彼らが海産物を口にするようになるのに時間はかからなかった。そして、その際、海産物の名称の多くを、ビザンチンの人々が使っていたギリシャ語の当時の名称から借用したのである。

もちろん、現代では、トルコとギリシャで別々の名称が使われているものもすくなくないが、今でも、多くの海産物によく似た名称が見られる。

トルコで生活して海産物の名前が自然に頭にはいっていた私は、ギリシャ旅行でシーフードレストランに入ったとき、注文するのにあまり困らなかった。というのも、メニューに登場する多くの魚の名前は、トルコ語のそれと良く似ていたからだ。

たとえば、鰯（いわし）は、トルコ語ではサルダリェ（sardalye）、ギリシャ語ではサルデーラ。鰹（かつお）は、トルコ語ではパラムト（palamut）、ギリシャ語ではパラミーダ。ロブスターは、トルコ語ではウスタコス（ıstakoz）、ギリシャ語ではアスタコス。イカは、トルコ語ではカラマル（kalamar）、ギリシャ語ではカラマーリという。

これに対し、トルコ語起源の名称をもつ内陸淡水魚は、遊牧民時代の食文化を受け継いだものだろう。

1-4　イスタンブルの魚屋に並んだ海の幸

キリスト教徒やユダヤ教徒からもらった「お酒」

オスマン帝国の領土には、キリスト教徒やユダヤ教徒が数多く住んでいた。彼らは、人頭税や土地税を払うことと引き換えに、被保護民として帝国内に安心して居住することが認められていた。イスラム教に無理矢理に改宗させられたり、トルコ語の使用を強制されたりしなかった。そもそも、トルコ語は当時の人々が使っていたさまざまな言語の一つに過ぎなかった。公平とは言い難かったが、イスラム教徒と平和裏に共存することができた。これを指して、昨今の日本でいわれる「多文化共生」や「多言語主義」の先駆けだと指摘する中東研究者もいる。

非イスラム教徒のキリスト教徒やユダヤ教徒は、自分たちの居住区の中でなら、自分たちのために酒を醸造し、また飲むことを許されていた。というのも、キリスト教徒やユダヤ教徒にとって、ワインは宗教上なくてはならないものだったからである。キリスト教とユダヤ教を認める以上、ワインを認めないわけにはいかなかったのだ。だから、オスマン帝国時代のイスタンブルでは、非イスラム教徒の居住区にはメイハネという居酒屋まであった。今日、イスタンブルの観光名所の一つとなっているガラタ塔の周辺には、当時、そのようなメイハネがたくさんあったといわれている。

キリスト教徒やユダヤ教徒とともに暮らす状況は、大半がイスラム教徒であるトルコ人たちにとって、かならずしも居心地の悪いことではなかった。というのも、すくなからぬイスラム教徒たちがワインに魅せられてメイハネに通うようになったからだ。イスラム教を国教とするオスマン帝国のスルタンたちは、もちろん何度も禁止令を発したのだが、蛇の道は蛇である。禁止令を巧妙にくぐり抜けて、メイハネに通うイスタンブル市民が絶えることはなかった。

実際、ワインは、当時のすぐれた詩人たちが詠った詩や、オスマン帝国時代に花開いた「メッダー噺」（コーヒーを扱う第3章で詳説しているが、日本の落語や講談に比類できる）と呼ばれる口承文芸などの中にも登場する。厳格な禁酒のイメージがあるイスラム世界にも、アルコール抜きでは成り立たない文化があったということだ。そして、もちろん、今日の世俗化したトルコ共和国でも、このメイハネで繰り広げられる居酒屋文化は脈々と生き続けている。

メイハネで銘酒「ラク」を飲む

現代のメイハネについても、すこし書いておきたい。メイハネで飲まれるアルコールは、ワインやビールもあるけれど、「ラク」というブドウから作られた蒸留酒が代表的だ。「メイハネとはラクを飲みにいくところ」というのがトルコ人の一般常識だといってよい。トルコの人々に「トルコのお酒といえば何?」と問えば、「ラク」という答えが一番に返ってくるだろう。

ラクの起源については諸説あるが、あるラク・メーカーが公表している説ではこうだ。五世紀に東ローマ帝国でワインからラクに似た蒸留酒が作られていた。十一世紀に入ると、その製法を習得したベクタシというイスラム神秘主義教団によって、今日のトルコ人たちがラクと呼んでいるような種類の蒸留酒が作られるようになった。これがラ

1-5　細密画に描かれた18世紀のメイハネ（部分）

クの原型となった。その後、ラクはオスマン帝国の時代にも受け継がれ、現在に至っているという。

さて、ラクを飲んでみよう。ラクをグラスに注げば、まず、強いアニスの香りが鼻腔を刺激する。そして、つぎに水や氷で割れば、無色透明だったその液体は、たちどころに乳白色に色を変える。だから、ラクは「ライオンのミルク」とも呼ばれている。この色彩の変化を愛でることも、ラクを飲むときの醍醐味の一つだ。

ラクを飲むために、メイハネでは多種多様な前菜を揃えている。これらの前菜は、もちろんワインやビールにもよく合う。主菜よりむしろ前菜を肴にしてラクを飲み、友人たちと語り合う場所がメイハネなのである。

トルコ語には「ラクの宴会」という言葉があるが、ラクを飲みながら、何時間もかけてゆっくりと友との語らいを楽しむ。オスマン帝国時代、この「ラクの宴会」でラクを給仕する人をサーキと呼んだ。このサーキという言葉はアラビア語源の言葉だが、今日でも、友人のグラスにラクを注ぐとき、ちょっと古風に「私がサーキ（注ぐ係）です」と声をかける人もいる。オスマン帝国時代の酒宴の言葉が現在でも残っているのだ。このことからも、当時からアルコールは飲まれ続けてきたことが分かろうというものである。

今日の酒文化をめぐる二極化現象――イスラム回帰と市場経済化

ともあれ、オスマン帝国が滅び、共和国時代になって世俗化したトルコ社会では、アルコールを飲むことに誰はばかることはなくなった。ただ、そのはずなのだけれど、近年、トルコに里帰りするたびに、アルコールをめぐるトルコ社会の様相が二極化しつつあることに気がつくようになった。

現政権がもつイスラム的倫理観への回帰指向を敏感に反映してか、イスタンブルの少なからぬホテルの客室のミニバーから、アルコール類が消えた。かつては、大学構内の教員レストランでもアルコールが飲めるところもあったのに、今ではそれもなくなった。象徴的なのは、ボスポラス海峡に面しイスタンブル大学の付属施設として教職員から愛されてきたレストランが、アルコール飲料の提供を止めてしまったことだ。そのような流れを決定的にしたのが、モスクと教育関係の建物から百メートル以内でアルコールの販売を禁止する法律ができたことである。

他方、このようなアルコールに対する規制の強化とは裏腹に、近年、ラクやビール、ワインなどの酒類で新発売される銘柄が目白押しに増えている。スーパーの酒類販売のコーナーは年を追って充実してきた。ボアズケレやオキュズギョズなどのトルコ産ブドウ品種で作られたワインの品質も向上し、格段においしくなってきた。トルコ経済の著しい発展と市場経済化の進展が後押しをしているのか、アルコール飲料の種類が増え、品質も向上しているのだ。

これと呼応するかのように、アルコールを消費する社会階層も拡大している。その一つが女性の参入だ。昔は、男性だけの社交場であったメイハネにも、今日では、女性同士のグループがたくさん見受けられる。アルコール販売規制がない地区の盛り場では、居酒屋やカフェバーが林立し、どの店も座る席がないほど賑わっている。

今日のイスタンブルでは、発展を遂げつつある国民のプライドとしてイスラム教的モラルを復興したい心情と、経済発展の果実としての豊かさを飲酒で確認したい欲望とが、はげしくせめぎ合っている。そして、当局による締め付けがあれば、それをくぐり抜けたいと思う人間の本性は、昔も今も変わりないのかもしれない。

とはいうものの、それでもまだ、生まれてから一度もアルコール類を口にしたことのない男女が、トルコには大勢いる。お神酒と称してお酒を神聖視する日本人や、イエスの血としてワインを尊ぶキリスト教徒たちとは、やはりトルコの人々のお酒に対する考え方はずいぶんと異なっているのだ。トルコの社会には、「酔った席でのこと」などと酔っぱらいを大目に見るような心の習慣は夢々ないから、お酒に目のない日本人旅行者は心していただきたい。

前菜「メゼ」を楽しむ

さて、ここでお酒につきものの前菜の話に移ろう。前菜をトルコ語でメゼ（meze）という。さきほどのラクに一番合うメゼといえば、何と言ってもメロンに白チーズだ。ときにメロンがスイカに代わることもあるが、白チーズは欠かせない。チーズの塩味と果物の甘さは、私たちがメロンに生ハムを合わせることを考えれば、納得できる。ラクを飲む時に、ヨーグルトを使ったメゼを注文することもよく見られる。どうやら、ラクには乳製品が合うようだ。

もちろん、メゼはそれだけではない。実に多彩なメゼがある。動物性のもの、野菜を中心にしたもの、豆や穀類を使ったもの。そして、温かいものや冷たいものなど多種多様である。メイハネだけでなく多くのレストランが、いかに多彩で美味なメゼを用意しているかで競い合っている。

そんなメイハネを訪ねてみよう。まず、客がテーブルに着くと、さまざまな種類のメゼを一品ずつ盛った小皿でいっぱいになった大盆を両手で抱えて給仕がやってくる。お客は、そのメゼの小皿をいろいろと見くらべて、その中からいくつかを選ぶ。どれもおいしそうで、かつ種類が多くて、選ぶのが実に難しい。どうしても、あれもこれも食べたくなる。かくて主菜がお腹に入らなくなるくらい、幾皿もメゼを注文してしまうのである。だから、近年は、主菜よりメゼのおいしさで名声を博している店もあるくらいだ。

いくつか代表的なメゼを紹介しよう。メゼの中でも、炭火で焼いた茄子をペースト状にしたものをレモンとオリーブオイルで味付けした、茄子のサラダは、これが茄子とは想えぬほどのクリーミーな食感で「メゼの中のメゼ」といえる一皿だ。

これに続くのが、乾燥そら豆を柔らかく炊いたものをペースト状にして固めたファヴァだ。見かけはうぐいす色をした水羊羹のようだが、トッピングされた香草ディルとともに、レモンとオリーブオイルをかけて食べる。一口食べれば、なめらかな舌触りの中に、ほのかなそら豆の香りとレモンの酸味が溶け合って、実においしい。

これら野菜や豆類の冷製の外にも、スズキやイワシのマリネ、マグロやカツオの赤身の塩漬け、タコやエビを使った冷製など、魚介類のメゼもポピュラーだ。ただし、タコについては、日本のタコのような嚙み応えのある食感は好まれず、グニャグニャといえば失礼だが、吸盤を取り除き、歯ごたえがまったくなくなるまで柔らかく調理するのが一般的だ。

冷たい前菜の後には、温かい前菜が続く。この代表的なものは、イ

1-6　その日のメゼを見せる給仕

カの輪切りのフリッターだ。これにゲソはつかない。あくまでも胴部分が油で揚げられて、トルコ風タルタルソースと共に出される。日本のタルタルソースにはゆで卵が入っているが、トルコのそれは、ヨーグルト、乾燥したパン、クルミ、レモンとニンニクなどを撹拌して作る。

これらのメゼのすべてに欠かせないのが、オリーブオイルだ。メイハネやレストランのメゼに限らず、一般家庭で作られるゼイティンヤール（オリーブオイル入り）という名前で総称される冷やして食べる料理がある。トルコでは、冷たい料理にはかならずといってよいほどオリーブオイルが使われる。このオリーブオイルも、地中海文化としてのビザンチン帝国から受け継いだものである。

ビザンチン帝国由来の食材

魚介類以外でも、トルコでは前菜や野菜料理に使われる食材の一部には、ギリシャ語起源の名称を持つものがある。これらもビザンチン帝国から受け継いだといえるだろう。たとえば、インゲン豆はファスリエ（fasulye）、きのこ類はマンタール（mantar）、ほうれん草はウスパナク（ıspanak）という。また、オリーブオイルを使った冷製に必須のアーティチョークはエンギナール（enginar）という。これらの名称は、すべてギリシャ語を語源に持つ。

このエンギナール（アーティチョーク）を調理するときは、下処理として、食用にする中心部分を残して周りの葉をすべて切り落とす。だから、バザールの野菜売り場では、この下処理されたエンギナールが変色しないように、バケツに浸けて売られている。バザールにこのバケツに浸かったエンギナールが登場すると、それはイスタンブルに春の到来を告げるしるしなのだ。

これらの食材一つ一つをとっても、トルコの食文化は、ビザンチン文化、そして、その背後に横たわる地中海世界の文化と深くつながっていることが分かる。

四　オスマン帝国の宮廷料理の誕生と成熟

オスマン宮廷料理の時代区分

オスマン帝国時代の料理が現在のトルコ料理にもたらした遺産の話といえば、もちろん、スルタンが住んでいたトプカプ宮殿に花開いた宮廷料理を抜きにしては、語ることができないだろう。ここでは、トプカプ宮殿でスルタンに供された食事を中心にオスマン帝国時代の食文化について書き進めたい。

トプカプの宮廷料理の歴史は、大きく言って二つの時期に分けることができる。

一つは、オスマン帝国が成立した黎明期の宮廷料理から帝国の領土的膨張と文化的繁栄を加える過程に応じて、食材の多様化と調理の洗練を繰り返してスルタンの食卓に相応しい充実を示す成熟期の宮廷料理へと変化を遂げていく内発的成長の過程である。

そして、もう一つは、先述したように十九世紀中盤、近代化に遅れをとり帝国が衰退に向かう過程で、近代化に先行するヨーロッパとりわけフランスからの影響と風圧の下に開始されたタンジマートと呼ばれる宮廷改革の中で、それまで独自に発展してきた宮廷料理にもフランス料理文化の影響が及び、その変化に否応なくさらされていく過程である。この時期以降の宮廷料理については、次の章で詳しく述べるが、この時期の変化は非常にドラスティックであり、また、性急だった。だから、トルコ料理について書かれた多くの歴史書が、このタンジマートを宮廷料理の分岐点と位置付けているのも故ないことではない。

ただ、タンジマート以前の五百年という長い時代の宮廷料理が、変化に乏しい停滞の中にあったわけではない。この五百年の時の長い時間こそ、オスマン帝国が自らの個性を余すところなく発揮し、内発的な充実と洗練を達成した時間であり、その長い時間の中で築かれた宮廷料理には、オスマンの個性と成熟が込められていたはずだからである。

黎明期から成熟期への発展

まず、オスマン宮廷料理が内発的な発展と成熟を遂げていった過程をしっかりと見つめてみることから始めるとしよう。

中央アジアから徐々に西進南下し、途中でイスラム文化を受けいれながら、アナトリア地域に入って来たトゥルク人たちは、途中で遭遇したそれぞれの文化を受け継いで、アナトリアの土地に入り、オスマン帝国を建国した。そのため、途中に経由した中国やイラン、アラブ、ビザンチン、ヨーロッパ、地中海世界などの文化的影響を受けた。六百年以上続くオスマン帝国の食文化にこの流れが注ぎ込んでいることは言うまでもない。

たとえば、小さい水餃子に似たマントゥという料理（ヨーグルトにすりおろしたニンニクを合わせたソースをかけて食べる）は、中国起源であると言われている。煮込み料理のヤフニや肉団子のキョフテはペルシャ（現在のイラン）から受け継いだ料理であることは、その名前がペルシャ語からの借用語であることをみれば分かる。同様に、よく知られるケバプはアラビア語からの借用であることから、それがアラブ料理からもたらされたものであることが分かる。このペルシャとアラブという二つの食文化から受けた影響については、トゥルク人たちがイスラム教を受け入れたことにその原因の一端を求めることができる。イスラムの戒律にそった食材を使う必要から、この二つの食文化の影響を強く受けたのである。だから、帝国が成立したときには、すでにこれらの諸要素が宮廷料理の中に取り込まれていた。

そして、その後、帝国の領土が広がり帝国が成熟期を迎えると、征服した領土からもたらされるさまざまな食材を加え、また調理法を洗練させ、トプカプ宮殿独自の様式をもつ宮廷料理が確立していった。領土の拡大につれて手に入る食材や香辛料の数も増え、また征服地から多様な食文化が流入してくることによって、オスマン宮廷料理は華麗さを加えながら充実していった。

スルタンの食卓

多種多様な食文化が入ってきた要因の一つは王族間の政略結婚だった。スルタンやその皇太子の元に、周辺のイスラム王朝やキリスト教

1-7　トプカプ宮殿を描いた18世紀後半の銅版画

の小さな国々から花嫁たちが侍従を従えてトプカプ宮殿にやってきた。それに伴って彼らの地域の食文化も自然に宮殿に伝えられた。そして、それらの異なった地域の料理文化を吸収し統合することで、トプカプの宮廷料理は一層多彩なものになっていった。

当時のスルタンはどのように食事を摂っていたのだろうか。一四五三年にコンスタンチノープルを陥落させたメフメット二世は「スルタンは一人で食事をとる」という勅令を発した。以来、スルタンは単独で食事をすることになった。トルコのテレビ局が制作し、世界中に配信されているオスマン帝国の宮廷ドラマでは、スルタンが妻たちと食卓を囲むシーンが描かれている。しかし、そのようなシーンはドラマの演出であり、歴史的な事実ではない。

また、宮廷での食事は、一日二食で、朝に食べる食事が一番重要かつ豪華で、夕方には軽い二食目を食べるという習わしだった。この習慣は、実に四五〇年もの長い間、守られた。

十五世紀にメフメット二世の食事について書かれた最古の記録(一四六九年六月十一日~七月九日の会計簿)によれば、夕方の食事はかなりシンプルなものだった。また、夕方の食事は、毎月、半分の十五日は基本的に同じメニューの繰り返しだった。他方、朝の食事は豪華で品数も多かった。ただ、この朝の食事でも、とろみをつけたスープ、卵入りの粥、マントゥ、ヨーグルト入りショートパスタなどでんぷん質の料理が多かった。初期の宮廷料理は意外と質素だったのである。

広かる食糧圏がもたらす多彩な香辛料と貴重な砂糖

宮廷料理に大きな影響をもたらしたのは、十六世紀初頭のエジプト征服によってもたらされた多様な香辛料だった。トプカプ宮殿の調理場で使用される香辛料が、エジプト征服以前では、わずか八種類であったのが、それ以後は、なんと二百種類に増えたのである。その後、さらに帝国の領土がアジア、アフリカ、ヨーロッパの三大陸に広がると、オスマン宮廷料理はさらに多彩さを極めていった。

十六世紀の後半に地球を襲った寒冷化の時代には、世界各地で食糧不足や飢饉が起こった。この食糧危機についてオスマン帝国の公文書を丁寧に分析した澤井一彰の研究によれば、当時すでに巨大都市に成長していたイスタンブルの食糧不足を補う穀物を調達するために「枢機勅令」という命令を発し、帝国全域に張り巡らせた交通路を駆使して穀物を送らせて、危機に対処した。この過程で、帝都イスタンブルへの食糧供給圏は、直轄領だったアナトリア地方とドナウ川流域の肥沃な平野をもつルメリ地方を超えて、北は黒海北岸から南はエジプト、東はアナトリア東部から西はバルカン半島の西岸にいたる広大な領域に広がっていったといわれる。

ここで、トプカプ宮廷料理で使われた香辛料について、少し触れておきたい。

まず胡椒は、宮廷で欠くことのできない輸入香辛料だった。今の暮らしでは、肉料理には標準的に「塩胡椒」を使う。今日、胡椒を香辛料だと認識すらしていないほど、世界中で、肉料理には胡椒が当たり前のように使われている。トプカプ宮殿の調理場で胡椒が肉料理の香辛料として使われた最盛期は、十八世紀から十九世紀にかけてである。そのころの宮廷では、自給可能なサフランも肉料理によく使われた。

1-8　エジプシャンバザールの香辛料店

また、時代をさらに遡ると、十五世紀から十六世紀にかけては、肉料理にはクミン、シナモン、コリアンダーの種の粉末などがもっぱら使われていた。この時代のトプカプ宮殿では、高価な香辛料であったジャコウやコハクなども、デザートや飲み物に香り付けとして、惜しげなく使われていた。

トプカプ宮殿の食事を彩る香辛料以外の代表的な調味料は蜂蜜だった。宮廷料理のレシピ本をみると、スープから肉料理、そしてピラフに至るまで蜂蜜を使った料理が目白押しに並んでいる。

今日でも、オスマン宮廷料理の名前を掲げるレストランには、ドライフルーツで甘さを加えた肉料理を出すところが多い。これは、オスマン帝国時代に砂糖が大変高価だったため、宮廷でも砂糖は薬として使われ、甘味料としては蜂蜜やドライフルーツが使われたことの名残である。宮廷でもそうだったから市民たちはなおさらで、アナトリアの一般家庭では一九三〇年代になるまで、砂糖より蜂蜜を、さらに蜂蜜よりペクメズ（黒砂糖の味に似ているブドウの絞り汁を煮詰めたもの）や干ブドウを、甘み付けのために使っていた。

レシピを残さなかった宮廷料理人たち

先ほど、オスマン宮廷料理のレストランについて触れたが、現在私たちがオスマン宮廷料理のレストランで口にすることができる宮廷料理は、残念なことに、トプカプ宮殿で実際に作られていたと思われる料理のうちのほんのわずかでしかない。というのも、実は、今日残っている記録には、宮殿の調理場で作られた料理の名前と使われた材料しか記されていないのである。十五世紀の中頃まで、オスマン帝国の宮殿料理に関しては、そもそも史料としてのレシピそのものが存在しない。だから、大半の料理の作り方が分からないのである。

どうしてそういうことになったかといえば、第一の理由は、宮殿の料理人たちが自分の作る料理のレシピをわざと書き留めなかったことである。レシピを記録してしまうと、自分以外の料理人がその料理を作ることが可能になる。すると自分が必要とされなくなるかもしれない。それを恐れた料理人たちは、自分を守るためにあえてレシピを残さなかった。

もう一つの理由は、料理人の多くが読み書きができず、当時、オスマン帝国で一般的に使われていたアラビア文字を理解できなかったことであった。

貴重な料理書が伝える宮廷料理の健康観

それでもレシピを記録した少数の書物が今日に伝えられている。中でも、一番古いとされているオスマン宮廷料理のレシピ本は、ムハンメド・ビン・マフムド・シルヴァニというアゼルバイジャンのシルヴァニ地方出身の医師によって十五世紀に書かれた『料理の作り方書』という書物である。この本の著者であるシルヴァニは、ムラットニ世（在位一四二一～四四年）に仕えた医師だった。彼には、いくつかの医学書の著作もあり、単なる医師ではなくペルシャ語やアラビア語からの翻訳をしていた当代一級の知識人だった。彼の料理書は、実は、十五世紀に出版されたアラビア語の『料理の作り方書』をトルコ語に翻訳したものだった。その料理名には、アラビア語とペルシャ語のものが多くあった。この節の冒頭で、オスマンの宮廷料理が同じイスラム教を信仰するアラブやペルシャの文化的影響を受けたと記したが、このシルヴァニの料理書からもそのことがうかがえる。

ただ、シルヴァニは、この翻訳書を上梓するにあたって、アラビア語の原本を訳するだけではなく、当時のトプカプ宮殿にとって有用であろうと思われる七十七の料理を付け加えた。また、原本にあった材料を削除したり、別の材料を追加したりした。さらに、医師である彼は、それぞれの料理にどのような医学的効用があるかについての説明も加えた。漢方医学では「医食同源」というが、食事に医学的な視点を持ち込む先進的な考え方が、当時のオスマン帝国の宮廷料理にもあったということだろう。

動物性油脂サーデヤーを使った調理

歴史家であるステファノス・イェラシモスは、『スルタンの食卓――十五、六世紀のオスマン宮廷料理』という本の中で、ビザンチン帝国時代の三大栄養源は「パン、ワイン、オリーブオイル」だったが、オスマン帝国時代のそれは「米、砂糖、脂」だと書いている。

冷製に使われるオリーブオイルがビザンチン文化からの遺産であるということは、すでに書いた。しかし、オスマン帝国時代の初期、アナトリアに定着したトゥルク人たちは、オリーブの木が多い土地にやってきたにもかかわらず、遊牧文化の名残であるバターや羊尾の脂を使っていた。オリーブオイルは、今でこそ多くのトルコ料理には欠かせないが、十五~十七世紀のトプカプ宮殿の宮廷料理には、全くないと言ってよいほど登場しなかったといわれる。

当時の宮廷では、バター、サーデヤー、羊尾の脂などの動物性の油脂がおもに使われた。オスマン帝国の宮廷料理を研究するアリフ・ビルギンは、その論文で「クラシック時代（十五、六世紀）の料理のほとんどに、サーデヤーと香辛料から作られたソースが使われていた」と書いている。このサーデヤーとは、バターを加熱し、水分やタンパク質を取り除いたあとに残る純度の高い「バターオイル」のことで、バターより保存に適していた。

オリーブオイルは、おもに医薬品や灯明用の油として使われた。一四五三年のメフメット二世によるコンスタンチノープル攻略では、ビザンチン帝国側が金角湾入り口に設けた鎖の防衛ラインを迂回するために、オスマン帝国軍が戦闘船を陸上輸送するためにオリーブオイルをコロの潤滑剤として撒いたといわれる。

十五、六世紀の宮廷料理で使われていた植物性の油脂といえば胡麻油だった。この胡麻油は、小麦を練った生地に合わせたり、ヘルヴァ（詳しくはデザートを扱う第5章を参照）を作ったりする際に用いられた。

「オリーブオイルはいつから宮廷料理に使われるようになったか」問題

ただ、十五、六世紀当時に宮廷料理で使われていた油脂は動物性の脂で、オリーブオイルは使われていなかったという通説には疑問がある。

先述したように、十五世紀に宮廷医師のシルヴァニは、アラビア語の料理書『料理の作り方書』のトルコ語版を出版するとき、医学的な観点を加えて、七十七のレシピを追加した。ステファノス・イェラシモスの『スルタンの食卓』には、このシルヴァニが加えた七十七のレシピのうちの四十が収録されている。

この四十のレシピを詳しく検討してみた。すると、この四十のレシピのうち、三十が肉料理のレシピだった。これら三十の肉料理のレシピのうち、五つのレシピには油脂がまったく使われていない。他方、油脂を使っている二十五のレシピについてみると、動物性油脂のバターだけを使っているレシピが三つ。バターと植物オイルを併用しているレシピが二つ。残りの二十のレシピのすべてが、植物オイル（nebati yağ）だけを使っている。シルヴァニは、材料欄には植物オイルと抽象的に書いているが、作り方欄にはオリーブオイルと書いている。だから、実際にはオリーブオイルを使っていたとみてよいだろう。

はて、これは、どういうことなのだろう。オスマン帝国時代の宮廷料理について書かれた多くの文献には、十五、六世紀の宮廷料理のほとんどがサーデヤー（バターオイル）を使っていたとあるのだが、シルヴァニのレシピ書のうちの四十のレシピを分析しただけでも、十五世紀の宮廷料理にオリーブオイルが使われていた可能性があることになる。

もちろん、レシピ書には掲載されているが、実際には作られない料理もあっただろう。しかし、当時の史料を丹念にあたったステファノスの研究では、シルヴァニが付け加えた七十七のレシピは、料理書に収録されただけでなく、その多くが実際に宮廷で作られていたことが明らかになっている。このことを考えると、従来の説とは異なり、十五世紀の宮廷の食卓には、やはりオリーブオイルを使った料理が少なからず並んでいたのではないだろうか。

ステファノスは『スルタンの食卓』の中で、イスタンブルの街場でオリーブオイルが普及するきっかけとなったのは、一五九三年から一六〇六年にかけて戦われた対オーストリア戦争であったとも書いている。この時、戦争のあおりを受けて、羊がイスタンブルで品薄になり、それまで公定価格で低く抑えられてきた羊肉の値段が自由化され、その結果、高騰したのだ。そのため、肉料理を作ることができなくなった庶民たちは、肉料理の代わりに、茄子やパプリカなどの野菜に少量の挽肉や米を詰めたドルマなどの野菜料理を作るようになり、その際、脂分を補うためにオリーブオイルを調理に使うようになったというのである。とすれば、一般庶民の生活からオリーブオイルは本格的に使われ始めたことになる。

もしそうなら、オスマン帝国時代には多くの食材が宮廷から市中へ、つまり上から下へと普及したのに対し、オリーブオイルだけは市中から宮廷へ、つまり下から上へと逆に浸透していったことになるだろう。

高価な食材だった米

次に、ステファノス・イェラシモスの言う、オスマン帝国の三大栄養素の一つである「米」についても書いておきたい。日本の食文化に馴染んだ者には、米から連想するのは、ほかほかに炊きあがった白米や焼き飯、オムライスなどだろう。一方、トルコ料理でも、米はスープからデザートにまで幅広く使われる。むしろ、その用途は日本のそれより広いかもしれない。トルコ料理にとって、米はオールマイティーの食材なのである。

しかし、なんといっても、オスマン帝国時代の宮廷料理を語る上で、米で作ったピラウ（ピラフ）を抜くわけにはいかない。当時の宮廷生活を描いた細密画の多くにも、ピラウを囲む人々の姿がいくつも描かれている。このことか

1-9　トプカプ宮殿での食事風景を描いた細密画（部分）。テーブルにはピラウ（米）が盛られている。

らも、ピラウが特別扱いされていたことが分かる。
米は、十三世紀から十五世紀にかけて、モンゴル人によって、中国から中東そしてアナトリアへともたらされた。その後、米食はイランのサファヴィ朝の宮廷や上流階層の間で広まった。十六世紀のサファヴィ朝の宮殿で、今日知られるピラフが作られたという記録が残っている。この新しい食材としての米を使った料理がアナトリアの地に広がり、それがオスマン宮殿にも入って独自の料理に発展していった。ピラウは、元来、挽き割り小麦で作られていたが、この挽き割り小麦が米に取って代わられたのである。

オスマン帝国時代のピラウは、たいへん高級な料理であったといわれる。そのため、一般市民は手が届かなかった。だから、庶民はあいかわらず挽き割り小麦のピラウを食べていた。米は宮殿のものであった。しかし、庶民たちが米のピラウを口にする機会がなかったわけではない。王子たちの割礼式や王女たちの結婚式などの宴席、そして、イスラム教の重要な行事には、市井の人たちにもピラウの食事がふるまわれた。その時だけ、庶民たちは、お腹一杯に米のピラウを食べることができた。

米が高価であったことは、今日のトルコ料理におけるピラウの作り方を見ても分かる。今日でも、ピラウには、米とともに、テル・シェヒリエ（素麺のように細い麺が短く切られている）やアルパ・シェヒリエ（米に似た形状）などのパスタ類を加えることが多い。ようするに、高価な米にパスタを加えることでピラウを増量した習慣の名残なのである。

＊コラム1＊　「スイカにチーズ⁉」――食のエスノセントリズム

「スイカにチーズ⁉」と聞くと、日本人はこのトルコ人の食習慣に「信じられない！」と驚くにちがいない。ところがそういう日本には、スイカに塩をふって食べる習慣がある。そのことを話すと、トルコ人たちは大いにびっくりする。しかし、この互いに驚きあう食習慣を冷静に考えてみれば、スイカに「塩味」を加えて食べるという共通点を見つけることができる。にもかかわらず日本人もトルコ人も、互いに相手の食文化を異様なものとみなすのだ。

自文化以外の人々の食習慣が異様に見えるのは、実は、自文化中心主義（エスノセントリズム）だと知ることは、異文化理解への最初の一歩である。それを知ることで、他文化に対する無意識の偏見を自覚することができるからだ。しかし、実際にその食物を食べられるようになることは、一番克服が難しい最後の壁なのかもしれない。

トルコで長く暮らしてきた私は、スイカにチーズを合わせるトルコ人の食べ方を異様なものとは思わなくなった。そして、たまには真似てみることもある。ただ、それでもやはり真似しないのは、トルコの人々が暑い夏の朝食に、スイカをおかずにパンを食べる習慣だ。どうしても、チーズをおかずにパンを食べ、スイカはデザートにしたいと思う。トルコ生活が長かったとはいえ、身に染み付いた食の嗜好は如何ともし難いものがある。

第2章　近代化の波とオスマン宮廷料理の変革

トマトが率いた料理革命

家庭でも食堂でも人気のトマトのスープ。
レシピ→178頁。

変化の予兆——三つの要因

オスマン宮廷料理には、オスマン帝国成立から内発的に発展を遂げて行く時期と、十九世紀中盤のタンジマート宮廷改革以後の二つの時期に大別できると先に書いた。この章では、後者のタンジマート以後の宮廷料理とその影響を受けたイスタンブルの食文化について述べていきたい。

六百年以上も続いたオスマン帝国も、十九世紀に入ると衰退の一途をたどり始めた。しかし、それに抗うように、アブデュルメジト一世が一八三九年にギュルハネ勅令を出し、タンジマートと呼ばれる政治改革など近代化への努力が始まった。

このタンジマート改革による宮廷料理の変容には、おもに三つの要因が関係している。一つは、十八世紀に到来した南米原産のトマトやパプリカ、インゲン豆などの野菜が、宮廷料理に使われ始めたこと。一つは、十八世紀における対ヨーロッパ戦争での敗北などによってヨーロッパに目が向き、イスタンブルのエリート階層が中心になってヨーロッパの食文化や食卓習慣を取り入れ始めたこと。最後の一つは、十九世紀後半にヨーロッパとの貿易が盛んになることでヨーロッパから多様な材料が入ってきたため、料理に使われる食材が変わったことである。

香辛料過剰からの脱皮

シルヴァニによって十五世紀に書かれた『料理の作り方書』で、彼が付け足した七十七のレシピでは、肉料理の調味料として、蜂蜜や生のフルーツ、ドライフルーツ、ナッツそして、バラ水などが使われていた。

当時の肉料理のレシピのもっとも顕著な特徴は、多くの香辛料が使われたことである。香辛料の中でも、シナモン、クミン、サクズ（ガムの原料に使われる乳香樹から取った液を乾燥させた香辛料）、コリアンダー、胡椒がよく使われた。コリアンダーは、生の葉も種を乾燥させて粉にしたものも使われた。つぎに、これに甘味を加えるため、蜂蜜やドライフルーツが使われた。さらに、酸味も加えるため、酢やレモン、熟していないブドウなどが使われた。もちろん塩も使われた。そして、驚いたことに、これらの調味料は単独ではなく混ぜ合わせて使われたのである。

これらの調味料が混ざり合った肉料理がどんな味だったか、私には想像できないが、トルコ語の文献によれば、口の中でそれぞれの調味料が混ざり合うことなく、別々に自己主張していたらしい。だから、同じ料理が甘かったり、塩っぱかったり、酸っぱかったり、辛かったりと一口ずつ異なった味がしたらしい。

当時の宮廷人たちが、そのような料理に満足していたかどうかは分からない。人間の味覚は柔軟で多様だから、彼らなりにこの時代の肉料理を十分に楽しんだと思うのだが、しかし、改善の余地がまったくなかったとは思えない。そのためもあるのだろうか、タンジマート改革が進行する十九世紀の宮廷料理では、香辛料の使用は減り、また、果物を甘味と酸味のために使うことも次第に少なくなっていったという。そして、すべての調味料を混合して使う料理は、塩味の料理、甘味の料理、酸味の料理へとそれぞれ独立した料理に別れていった。十九世紀に出版された料理書、たとえば、医師のメフメット・キャミルが著した『コックの聖域』（一八四四年）などでは、新しく入ってきた唐辛子やバニラ、オールスパイスなどを使ったレシピが加わったものの、かつて大量に使われていた香辛料の使用量は全体的に減っている。

ただ、それまでの調味料がまったく失われたというわけではなく、シナモンや胡椒は、いぜん香辛料の王座を守り続けた。

トマトが変えたトルコ料理

ところで、料理に使われる香辛料の種類が減った原因として、南アメリカ原産のトマトとパプリカが使われ始めた影響も大きい。トマトは最初、未熟な青いトマトを漬け物にして利用する程度だったが、十九世紀中盤になると、生の熟した赤いトマトが料理に使われるようになった。先述のメフメット・キャミルの『コックの聖域』には、「トマトとフランス茄子のドルマ」という肉詰め料理が登場している。このフランス茄子というのは青いトマトのことだ。この本には、他にも、赤いトマトやジャガイモ、インゲン豆などの新食材をつかった料理が紹介されている。この本は、タンジマートの五年後に石版印刷によって出版された書籍で、タンジマート改革後、最初に出されたレシピ集として、今日、知られている。

その後、この赤く熟したトマトやパプリカからサルチャ（ペースト）が作られるようになり、さまざまな料理に使われるようになった。そして、大量の香辛料で味付けされたソースより、このトマトやパプリカのサルチャで味付けされた料理が好まれるようになっていった。

この事実によって、トルコ料理がトマトで真っ赤に染まるようになったのは、タンジマート改革以後の比較的新しい時代だったことが分かる。オスマン史の研究者であるアリフ・ビルギンも、自らの論文で、青いトマトは十七世紀末にアナトリアで生産され始め、十八世紀には種類も増え、赤いトマトも生産され始めたと述べている。

今日のトルコ料理には、このトマトのサルチャが欠かせないものとなっている。たとえば、ターゼファスリエ（モロッコインゲンのトマト煮込み）やクルファスリエ（インゲン豆のトマト煮込み）などはその筆頭だ。トルコ人の中には、このクルファスリエを「トルコ人のソウルフードだ」という人さえいる。

トマトのサルチャ（地方によりパプリカのサルチャも加える）で作った煮込み料理のことをトルコ語では、スル・イェメックと呼ぶ。トルコでは、このスル・イェメックこそ「伝統」のトルコ料理だと信じられている。しかし、歴史的にみれば、そのトマト煮込み料理の大半は、実は、タンジマート以後の料理だ。

このサルチャで作ったトマト煮込み料理は、エリック・ボブスボウムらが『創られた伝統』（一九八三年。日本語訳は紀伊國屋書店、一九九二年）で、本来は伝統でないものが伝統として広まることもある現象について指摘した「伝統の発明」のトルコ版の一例だと言えるだろうか。

「旨味（うまみ）」の発見

トルコ人が、トマト料理をトルコの伝統料理と錯覚するように、この時代に登場したトマトやサルチャが現在のトルコ料理に欠かせない食材になった。

オスマン帝国時代末期に新時代の料理として、この新素材であるトマト（そしてサルチャ）が広く普及を遂げた背景に、当時の人々がそこに「旨味」を発見したことがあるのではないかと、私

＊コラム2＊　トマトはいつ到来したか

トマトのように、十八世紀後半から十九世紀初頭にかけてヨーロッパ経由で世界各地からオスマン帝国に流れ込んできたパプリカ、ピーマン、インゲン豆、かぼちゃ、ジャガイモなどの野菜の中には、その後、トルコ料理の必須となった野菜は多い。

ただ、この南米原産のトマトについては、その到来時期について異説がある。

十七世紀末のトプカプ宮殿の台所台帳には、三万四千二百個のカヴァタ（kavata）を一六九二年十一月十日〜一六九三年十月二九日の時期に搬入したという記録が残されている。このカヴァタとは当時のトマトの呼び名だ。（トマトの呼び名は、十七世紀の「カヴァタ」から十九世紀の「フランク・パトルジャヌ（フランス茄子）」にかわり、その後、現在の「ドマテス」に変わった。）この史料を見る限り、トマトは十七世紀の時点ですでに宮廷で使われていたことになる。ただ、当時、トマトは未熟な青いトマトの漬物（トゥルシュ）としての利用に限られていたが。

トマトが十七世紀にすでにトプカプ宮殿で使われていたことを示す別の史料もある。同じ十七世紀の後半（推定一六七五〜八〇年）に、ムラット四世のために供された食事のリストに「オクラとカヴァト（カヴァタ＝トマト）」という名前の料理が記載されている。オクラ料理に酸味を付けるために、それ以前の未熟のブドウに代わって、この頃から未熟の青いトマトが使われるようになった。ただ、生の青いトマトが使われたのか、青いトマトの漬け物が使われたのかは不明である。

いずれにしても、十七世紀に書かれたこれらの史料は、トマトが十九世紀のタンジマート改革以前に、トプカプ宮殿の台所で利用されていた事実を示している。もしそれが事実なら、タンジマート以後の宮廷料理の改革が、オスマン帝国の農民たちによって内発的に培われてきた農業の基盤の上に実践されたことを示す一つの証拠となるかもしれない。トプカプ宮殿のトマトが十七世紀由来か、それとも十九世紀由来かという問題は、大げさに言えばトルコの近代化のあり方に関わる問題と通底しているといえるかもしれない。

は推測している。それ以前のオスマン料理にも、旨味を含む（それも安価に入手できる）食材がないわけではなかった。その筆頭はタマネギである。しかし、タマネギに含まれる旨味成分であるグルタミン酸は、熟したトマトに比べてはるかに少ない。だから、新しい食材として認知されるようになった赤く熟したトマトは、もちろん、「旨味成分」は概念として自覚されてはいなかったけれど、当時のオスマン宮廷料理にとって新しい味覚として受け入れられたのだと私は想像するのだ。

トマトの旨味成分であるアミノ酸が日本で発見されるのは、二十世紀に入った一九〇八年のことである。しかし、トマトは熟せば熟すほど、旨味成分の量が増えて行くことはすでに知られていた。専門機関が測定したデータでは、赤く熟したトマトは、青く熟していないトマトの十倍以上の旨味成分を含むと言われる。その完熟した赤いトマトから水分を飛ばし、ペースト状のサルチャにすることで、よりいっそう旨味成分が濃縮される。それを料理に使ったのである。

このことを、当時のオスマン帝国時代の人たちは、舌で感じ取ったのに違いない。そして、それが現在のトルコ料理へと受け継がれていったのではないだろうか。

タンジマート改革とフランス料理からの影響

タンジマート改革は、フランスを手本として当時の宮廷官僚たちによって進められた。そのため、宮廷料理にもフランス料理やフランス式の食事作法が取り入れられるようになった。宮殿では、外国の皇室からや各国の大使、要人を招いての宴席の際のメニューやテーブルセッティングなどの大きな変化が、他の数多くとともに変化がもたらされた。

なぜ宮廷でフランス料理が好まれたかというと、当時、宮廷料理の王座として、フランス料理がヨーロッパ世界に広く君臨していたからである。そこで、オスマン宮殿での宴席料理にも、フランス料理が積極的に用いられるようになった。

宮廷の調理場でフランス料理を作るために、外国の大使館で働いた経験や、あるいは、ヨーロッパのレストランなどで働いた経験を持つ、オスマン帝国生まれのギリシャ系やアルメニア系の料理人が、トプカプ宮殿の調理場に雇われるようになった。また、より本格的なヨーロッパ料理を求めて、マフムド二世（在位一八〇八〜三九年）のように、自分の料理人を二年間ウィーンのシェーンブルーン宮殿に料理修行に出すスルタンもいた。また、スルタン・アブドュッラジズ（在位一八六一〜七六年）は、フランスからシェフとパティシエを呼びよせた。宮廷料理の欧風化は、このようにして急速に進んだ。

オスマン＝ヨーロッパ折衷料理の誕生

十九世紀の料理が変化したもう一つの理由は、ヨーロッパから新しい食材、クリームやチョコレート、ビスケット、プディング（日本のプリンとは違い、クリーム状になっているもの）、ケーキ類、そしてマカロニなどが入ってくるようになったことである。このようにして、新しい素材を使ったアラフランガ（ヨーロッパ風）料理が浸透してくる。料理本にも、これら新素材を使ったアラフランガ料理のレシピが多く登場する。

とはいうものの、それまで受け継がれてきた料理を捨ててしまったわけではない。料理本には、カドゥン・ブドウやオルマン・ケバブのようなオスマン風の料理のレシピも引き続き主要な料理として掲載されていた。これらの料理は、現在のトルコ料理本にも掲載されている。

それればかりではなく、今までのアラトゥルカ（トゥルク風）にアラフランガ（ヨーロッパ風）が融合した新しい料理も数々生まれた。昔から伝わるオスマン風の料理にトマトを加えることで新しいトマト味の料理を創作し、それにトゥルク人が中央アジアから持ってきたヨーグルトをソースとしてかけるといった工夫などが、その一例である。

また、アラトゥルカとアラフランガが融合した料理の成功例としては、ヒュンキャルベーエンディと呼ばれる料理を一番にあげたい。（このヒュンキャルベーエンディとは「皇帝のお気に入り」という意味だが、宮殿で作り始められた起源については諸説がある。）

このヒュンキャルベーンディは、一八八〇年に出版された料理書の『新料理書』（作者不明）では、たんに「炭火で焼いた茄子をペーストにし、タス・ケバブ（肉と野菜の煮込み）の上にかけて作るだけのありふれたアラトゥルカ料理だった。ところが、二年後の一八八二年に出版された料理書の『主婦』（アイシェ・ファヒリエ・ハヌム著）では、このヒュンキャルベーンディの作り方が次のように変わった。

「炭火で焼いてピュレ状にした茄子に、小麦粉とバターに牛乳を加えて作るフランス風のベシャメルソースと溶けるチーズを加えてよく混ぜ、タス・ケバブに添える。」

つまり、従来の方法で炭火焼きされた茄子に、アラフランガ（ヨーロッパ風）のベシャメルソースが加えられることで従来にない新しいレシピになったのである。これこそ、アラトゥルカとアラフランガの一体化を示す好例といえるものだった。

現在のトルコ語にも、ヨーロッパ式を表す「アラフランガ」と、トルコ式を意味する「アラトゥルカ」という言葉がそれぞれ残っている。これは、当時、フランス式とオスマン式が、それぞれ場面に応じて使い分けられたり、混合されたりしていたことの名残の一つなのだろう。

折衷様式の完成──クリミア戦争戦勝祝賀会と英国王室歓迎会

このようなアラトゥルカとアラフランガの一体化は宮廷料理についてもいえた。一八五六年に催された、ドルマバフチェ宮殿完成祝いとクリミア戦争の戦勝の祝賀会のメニューは、その好例である。

この宴会では、アラトゥルカとしては、ピラウ(それも、食事の後、デザートの直前にピラウを出すというオスマン式のスタイル)が採用される一方、アラフランガとしては、野菜のポタージュ、フォアグラのパイ包みなどのフランス式料理が採用された。その上、念の入ったことに、この宴会のメニューは、フランス語とオスマントルコ語の両国語で記載された。

ところで、このクリミア戦争がきっかけとなってもたらされた食材にジャガイモがある。ジャガイモは、戦争に際してイスタンブルに寄港したフランス軍艦が積んでいたものを当時のスルタン、アブデュルメジットが大層気に入り、彼の命令で、イスタンブルの一五〇キロほど北西部にあるアダパザールで生産がはじまり、それが急速に全土に広がった。

この戦勝祝賀会につづく一八六九年にドルマバフチェ宮殿で開かれた英国の王子王女を迎えた宴席では、この二つの様式はさらに融合するところとなった。

現存しているその時の宴会メニューをみると、ポタージュ(フランス)、ボレキ(トルコ)、魚料理(フランス)、牛フィレ肉のソテー野菜添え(フランス)、ムール貝のドルマ風(トルコ)、鹿肉のソテー（フランス）、アーティチョークの冷製（トルコ）、鳥肉料理（フランス）、豆の冷製（トルコ）、フォアグラ（フランス）、アスパラガス（フランス）とつづき、デザートにもフランス菓子とトルコ菓子が供されている。また、ラム酒・コニャック・水・レモン・シナモンを合わせたフランス風のカクテル、シャンパン、ワイン各種などのアルコールも提供された。

この宴会メニューで注意したいのは、牛肉の料理である。先述のシルヴァニが書いた料理書に記されているレシピでは、かつてのオスマン宮廷での大半の肉料理は羊肉の料理で、その他に鶏肉の料理が少し加えられている程度だった。ところが、この宴席メニューでは、羊肉が全く使われていない。そのかわり牛肉が使われた。ヨーロッパ料理への傾倒が牛肉料理を「ご馳走」とみなす傾向を生じさせたのだろう。それは、十九世紀の料理書に「ローストビーフ」や「カツレツ」「ビーフステーキ」などの牛肉料理が登場することからも伺える。

ところで、現在のトルコでは、家で客人をもてなす最高の料理は羊の肉を使った料理だとトルコの人たちは口をそろえる。これは、現代のトルコ人たちが自分たちの「正統な伝統」だと信じて疑わない十五、十六世紀のオスマン時代への回帰現象の表れなのかもしれない。

この宴会でもう一つ注意したいのは、アルコールが提供されたことだ。しかし、アルコール類は、その後宴席で出されても、宗教的配慮からメニューには記載されなくなり、今では何が飲まれたのか不明である。

フランス式テーブルマナーの導入と折衷

ところで、先の章で紹介した、コンスタンチノープルを陥落させた英雄王メフメット二世が出した「スルタンは一人で食事をとる」という勅令は、タンジマート改革以後も廃止されなかった。しかし、ヨーロッパの国々からの賓客を迎える晩餐会では、フランス式テーブルマナーに従って、スルタンも特例的に賓客たちと同じテーブルを囲むようになった。また、初期では質素だった晩餐も次第に豪華なものに変わっていった。

タンジマート改革以前の会食では、大皿に盛られたピラフやスープを各自が銘々のスプーンですくって口に運んでいたが、その作法は廃止され、給仕係が銘々にサーブするスタイルが採用されるようになった。

オスマン史上初めて、脚のついたテーブルを前に、椅子に座って、ヨーロッパ式の食器に盛られた料理をフォークとナイフを使って食べたのは、十九世紀初頭に皇帝位についたマフムド二世である。彼はワインもシャンパンも飲んだ。

しかし、このような著しい変化の中で、古い様式を維持しようとする努力も行なわれた。「スルタンは一人で食事をとる」という勅令や一日二食の食事などである。とはいえ、これらの古いオスマン式の宮廷慣習は新しいヨーロッパ式のマナーと混在し、両者はぎくしゃくしながら併用された。

たとえば、一八四五年にロシアの皇帝とそのお付きたちの訪問を受けたスルタン・アブドゥルメジトは、客人たちを食事の準備がされているサロンまで案内したものの、客人が椅子に座る前にはその場を離れ、自分の部屋に戻った。

「スルタンは一人で食事をとる」という勅令を最初に破ったのは、スルタン・アブドゥッラジズだった。彼は一八六九年にナポレオンの妻の皇女ユージニーを招いた宴席で、初めて他者と食事をともにした。その後、英国の王子王女がイスタンブルを訪問した際の宴席でも、スルタン・アブドュッラジズの両隣に英国王子王女が座り、食事をともに食べた。しかし、その場合でも、夫人同伴を認めないオスマン宮廷では、宴席に出席した男たちの夫人で同伴を許された者は皆無だった。それはスルタンの后も同じだった。

タンジマート改革以前では、宴席に参加できたのは、当時の細密画からも分かるように男性のみであった。それが、十九世紀には、ヨーロッパスタイルが採用されるようになったため、賓客側に限って夫人同伴で招待されるようになった。一八三六年に催されたマフムド二世の娘の結婚式の披露宴には、外国の大使や大使館で働く上級公務員は夫婦で招待された。しかしながら、オスマン側の要人の夫人が同席することはなかった。この時、スルタンの代理である大宰相の左右には、イギリス大使夫人、フランス大使夫人が着席したが、大宰相の夫人の姿はどこにもなかった。

宮廷にいくらヨーロッパスタイルが入って来たといっても、男女別というオスマンの習慣は、容易には変わらなかった。また、イスラム教に関する行事の際も、食事スタイルはオスマン帝国時代の古い様式に戻された。

2-1　ベイレルベイ宮殿で開かれたヨーロッパ式宴会を記録した19世紀中頃の銅版画。

一般市民の食卓に及んだ変化

十九世紀の中盤では、キリスト教徒やユダヤ教徒が多く住んでいる地区に、ヨーロッパスタイルのレストランやカフェが建てられるようになった。十九世紀末には、宮殿と同じように富裕層の屋敷にも、少しずつではあるけれどフランス人のシェフが働くようになった。このようにして、宮殿からイスタンブルのエリート層にフランス料理が広まっていった。

一方、旧オスマン帝国時代の食卓では厳禁であった「会話」が、ヨーロッパスタイルを好んだエリート層の間で広がっていった。それに加え、男女が同じテーブルに座り始めるようになった。

このような食事のスタイルやテーブルセッティングの変化は、エリートたちから始まり、次第に、一般市民の家庭へと広がっていった。たとえば、十九世紀後半に出版された一般家庭向けの料理書である『主婦』(アイシェ・ファヒリエ・ハヌム著)には、料理のレシピだけでなく、ヨーロッパ式のテーブルマナーやテーブルセッティングの解説も掲載されている。

ただ、これはヨーロッパスタイルを好む一部のエリートたちことであり、大半の保守的な人々は、まだ従来のスタイルを遵守して旧来のオスマン料理中心の食事をしていた。

当時の食文化は、ともすれば二極分解する傾向にあったように思われる。例えば、一八八〇年に出版された欧風料理の解説書である『新料理書』は、一八八一年から一九二四年までの間に六版まで出版が重ねられた。この事実をみると、このような高価な書籍を購入できる富裕層の間では、ヨーロッパ風料理が一定の関心を集めていたことが推察できる。彼ら富裕層の屋敷では、ヨーロッパ風の料理が作られ、食べられたのだろう。しかし、他方、一般庶民の家庭でローストビーフやカツレツなどの料理が作られていたとは思えない。

退職料理人が広めた宮廷料理

ところで、オスマン宮廷料理のレシピについての記録はほとんどないと書いた。では、当時の宮廷料理は、どのようにして今日に伝えられたのか。

オスマン帝国時代、宮廷料理を作ることができるような高い技能もつ料理人たちにとっての働き口は、宮殿の調理場だけでなく、高級官僚などの要人たちの屋敷の調理場にもあった。要人たちは、同じように彼らを専属の料理人として雇った。トプカプ宮殿で磨かれた料理の技術は、要人たちの食卓や宴会を通じてイスタンブルに広がり、さらに地方にも伝わっていった。

もう一つの伝播経路は、帝国崩壊後、宮殿を解雇された宮廷料理人がイスタンブルの街場の食堂で働き始めたことによる。ただ、かつての宮廷料理人のほとんどは、仕事が見つからず宮廷料理の秘密のレシピとともに亡くなったといわれる。しかし、ごくまれに街の食堂に拾われた運の良い料理人たちが、自分が宮殿で覚えた料理をそこで作り始めたというのだ。

こうしてトプカプ宮殿で培われた料理の数々がアナトリアの町や村に広がっていった。

2-2　今日のトプカプ宮殿（ガラタ塔から望む宮殿、右側のドームはアヤソフィア）

地方料理を吸収する

また逆方向に、地方の郷土料理が宮殿に入ってくることもあった。料理人たちの出身地の料理がその嚆矢だ。オスマン帝国の領土の広がりを考えれば、宮殿に持ち込まれた郷土料理がいかに多様だったか想像できるだろう。料理人たちは、それぞれ自分たちの郷土料理をスルタンの好みに仕立て上げた。もし、それがスルタンに気に入られると料理人たちの地位もあがったので、料理人たちは競って自慢の郷土料理をアレンジしスルタンの食卓に供した。

地方料理がトプカプ宮殿に伝わった別のルートとしては、スルタンの息子たちが幼少期に地方にある離宮で教育を受けることが多かったことがあげられる。息子の一人が皇太子となり、さらに次代のスルタンになったとき、その地方の料理人をトプカプ宮殿に連れてきた。その結果、この料理人たちがつくる郷土料理も宮廷料理のレパートリーに加えられたのである。

このように、長い長いオスマン帝国の時代に独自の発展と進化を遂げたトプカプの宮廷料理は、騎馬遊牧民であったトゥルク人の食文化、アナトリア地域の土地に染み込んだ文化的遺産としてのギリシャやビザンチンの食文化、アラブ人やイラン人によって育まれたイスラムの食文化とそれを受け継ぐオスマン帝国の古い様式の宮廷料理、さらにタンジマート改革以後のヨーロッパ料理の影響と歴史的に変遷しつつ、それらが渾然と融合し、独自の進化と変容を遂げてきたといってもよい。そして、それは、帝国が解体した後も、現代トルコ料理の基盤として今日に引き継がれ、今日の食文化に結実しているのである。

第3章　コーヒーに集う市民たちの嗜好と贅沢

コミュニケーションの場としてのカフヴェハネ

おやつや軽食として好まれる小麦粉の薄皮の重ね焼き、ボレキ。

トルコ式コーヒー「カフヴェ」

この章ではコーヒーとそれを愛し育んだ市井の人々、そう市民たちにまつわる話をしたい。トルコではコーヒーはカフヴェと呼ばれ、欧米由来のコーヒーあるいはカフェとは別物として扱われている。日本では、トルコ式コーヒーとしておなじみで、フィルターで漉したりせず、コーヒーの微粉末といっしょに楽しむタイプのコーヒーだ。ここでは、紛らわしいので、トルコ式コーヒーをとくにカフヴェと呼ぶことにしたい。

今日でも、トルコでは、企業、官公庁、学校など職場の多くが飲み物担当の給仕を置いている。だから、知人のオフィスなどを訪ねると、話に入る前にまず、「何を飲みますか？　紅茶？　それともコーヒー？」と聞かれる。こちらが飲み物を選ぶと、知人は内線で注文し、しばらくすると給仕がコーヒーを運んでくる。これが、個人商店などだと、給仕がいないので、店主が近くの喫茶店に飲み物を注文することになる。そして、こんなとき振る舞われるコーヒーは、インスタントやフィルターコーヒーではなく、もちろんカフヴェだ。

カフヴェの作り方

カフヴェは、フィルターで漉さないだけでなく、本来はミルクを混ぜることもしない。ジェズヴェと呼ばれる金属製の容器に水を入れ、コーヒー豆を細かく粉末に挽いたものを加えた後、火にかけ沸騰させて作る。出来上がると、カフヴェ用の小さなカップに注いで提供される。カフヴェを振る舞われた方は、すぐには飲まず、カップの底に粉が沈殿するのを待ち、上澄みをすする。このように、カフヴェは、日本や欧米で一般的に飲まれているフィルターコーヒーとは、入れ方も飲み方もずいぶん違う。

また、カフヴェは、作るときに砂糖を一緒に加える。だから、カフヴェを注文するときは、あらかじめ砂糖の量を告げるのが通例である。多くの場合、給仕が、先に好みの分量を聞いてくる。そこで、「ブラック」「少なめ」「普通」「多め」などと細かに指定する。

トルコの人々は、それぞれ好みの分量を決めていてうるさい。だから、カフヴェは、ほかの飲み物にはない細やかな配慮を必要とし、作り置きを好きなだけ飲む欧米のコーヒーとはまったく異なる、実に手間のかかった贅沢な飲み物なのだ。（最近は、インスタントのカフヴェも売られているが、接客に使われることはない。）

かつてのオスマン帝国のスルタンたちは、このカフヴェを、日本の茶道のような厳格な作法に則って嗜んだといわれている。ただし、砂糖抜きのブラックだったらしい。

カフヴェの入れ方の上手下手を見極めるポイントは、泡だ。運ばれてきたカフヴェの表面が泡で滑らかに覆われていれば、まず上出来といわれる。カフヴェにうるさい友人から私が伝授された作り方はこうである。まず、ジェズヴェの中が沸騰してくると、その表面が泡立っ

3-1　昔風の炭火で作るトルココーヒー（ラマザンの夜店で）

てくる。そこを見計らって、吹きこぼれないように泡だけをすくいとり、泡が消えないようにそっとカップに移す。この作業を二、三回繰り返した後、最後にコーヒーを緩やかにカップに注ぐ。こうして表面が滑らかに泡で覆われたカフヴェができあがり、「おいしそうなこと!」と褒めてもらえるというわけである。

カフヴェは、たんに嗜好飲料というだけでなく、トルコの人々にとって、今日でも生活の隅々にまで深く浸透した文化遺産のような存在だ。(実際、トルコ コーヒーは二〇一三年にユネスコ世界無形文化遺産に認定されている。)そのことを私自身が心底実感したある経験をお話ししたい。

嫁取り儀礼「クズ・イステメ」とカフヴェの思い出

クズ・イステメ(kızı isteme)は、現在でも行なわれている結婚にまつわる大切な儀礼である。これは、男性がその家族とともに、結婚したい女性の家を訪れ、その家族から、とりわけ家長から結婚の許しをもらうために行なわれる、婚約の前段階にあたる大切な儀礼だ。このとき、訪問を受ける側の花嫁候補は、カフヴェを作って、この儀礼に参加する花婿候補とその家族、そして、自分の家族や親族などその場に集う全員にふるまう。

この儀礼に参加する人数は多く、やたらとたくさんのカフヴェを準備しなければならない。参加者それぞれに砂糖の分量をたずね、誰のカップにはどれだけ入れるのかきちんと覚えないといけないので、客を迎える花嫁候補は大変である。この作業を首尾よくこなせるかどうかで、花婿候補の側の家族たちは、花嫁候補が家事を上手にこなせるかをチェックしようというわけだ。

ところが、豈図らんや、花嫁候補側の家族も負けてはいない。花婿候補になる男性にふるまうカフヴェにだけある仕掛けをする。参加者全員のカフヴェには、きちんとそれぞれ好みの分量の砂糖を入れるが、しかし、花婿候補の男性のカフヴェには、砂糖ではなく、なんと塩を入れるのである。

もちろん、ここで花嫁候補が差し出すカフヴェにこの仕掛けが施されていることは織り込み済みで、花婿候補も知っている。というのも、これは、この儀礼の一つの山場なのだから。花婿候補の男性は、この塩入りのカフヴェを顔色一つ変えずに、おいしそうに飲み干さなければならない。そうすることで、男性は少しのことには動じない胆力のある男だという証拠を見せるというわけである。

私も、結婚する前に、この儀礼をどうしてもしてみたくて、イスタンブルの友人に頼み、彼女の家庭でこの儀礼を執り行なうことになった。そして、彼女の家族が、花嫁候補側つまり私の家族の代役を務めてくれた。他方、花婿候補の夫は日本在住の日本人だったので、彼に付き添う家族の代役を、私の博士課程の指導教官が引き受けてくれた。

その夜のハプニングと唐辛子入りカフヴェ

さて、当日の夜、その教官は花婿候補の夫を連れ、花束とチョコレートを抱えて、花嫁候補の私が待つ家を訪ねた。（ちなみに、トルコでは、チョコレートは訪問先への手土産としてよく使われる。）

儀礼もつつがなく進行し、恒例のカフヴェを振る舞う時間になった。ここでハプニングが起きた。友人に手伝ってもらって、私がカフヴェを作っていると、途中でなんとプロパンガスが切れてしまったのである。今でこそ、急速に発展するイスタンブルでは都市ガスを使う家庭が多数派になっているが、このときは、まだプロパンガスを使う家庭もすくなくなかった。ガス欠に慌てふためき、友人はガス業者に電話して、急ぎ新しいボンベを運んでもらうことになった。

そんな事態になっていることなどつゆ知らず、客間でカフヴェを待っている花婿候補。集まっている人たちが話しているトルコ語も、全く分からず、手持ち無沙汰な様子で、じっと座っていた。でも、指導教官はキッチンで起こっている非常事態をうすうす察知していて、「たかがカフヴェを作るのに、こんなに時間がかかっていたら結婚できないわよ」と冷やかし、また、花嫁候補側の友人の家族たちも「これじゃ、いい嫁にはならないね」などとはやしたて、私と手伝いの友人は大いに冷や汗をかいたのだった。トルコでは、カフヴェを上手に入れるのは、必須の家事能力の一つなのである。

話はそこで終わらなかった。私のクズ・イステメでは、茶目っ気のある友人は、花婿候補のカフヴェに塩だけでなく唐辛子も入れたのだ。自分のときには、塩しか入れなかったのに……。

一方、花婿候補つまり日本人の夫は、トルコでは誰でも知っているこの塩入りカフヴェのからくりをまったく知らされていなかった。夫以外の参加者はみんな、この男がどんな顔をしてカフヴェを飲むか、知らん顔をしながら興味津々で眺めていた。ところが、何も知らない夫はといえば、なんと、素知らぬ顔でニコニコしながら、そのカフヴェを飲み干してしまったのである。

花婿候補に何の変化も現れなかったので、不思議に思ったトルコ人たちが「おいしかったですか?」とおそるおそる尋ねると、夫は平然と「はい、おいしかったです」と答えた。夫に後で聞いたところでは、すこしピリ辛だったけれど、以前ブータンを調査した時に飲んだ、塩分を含んだバター茶の味に似ていたので、「こういうトルココーヒーもあるのか」と思ったとのことだった。

他方、参加者一同はその答えっぷりに驚き、かつ感心して、このカフヴェのからくりを種明かし。それを聞いた夫は、そこで初めて「えー！」とびっくりした。その夫の反応をみて、参加者一同は大笑い。かくて何も知らなかった夫は、「知らぬが仏」が功を奏し、めでたく合格の太鼓判を押してもらい、儀礼はつつがなく終了したのだった。

この塩入りカフヴェの習慣は、かつて見合い結婚が大多数だったころ、嫁取りのために男性とその家族が女性の家を訪問した際、女性がその男性を気に入らない場合に、男性のコーヒーに塩を入れて暗に断りの意思を伝えたことに由来していると聞いたことがある。いずれにせよ、トルコでは、カフヴェは、このクズ・イステメの儀礼に示されるように、たんに日常生活を彩る嗜好飲料というだけでなく、人生の節目節目に深くかかわる大切な飲み物なのである。

カフヴェの伝来史――スレイマン大帝の「偉業」

今日、日本でコーヒーという言葉を聞くと、お洒落なヨーロッパのカフェで飲むコーヒーがその起源だと思われるかもしれない。しかし、ヨーロッパにコーヒーを伝えたのは、中東のイスラム教徒たちだった。トルコでカフヴェと呼ばれるコーヒーは、アフリカのエチオピア高原を起源とし、その後、黄海を東に渡って、アラビア半島の南端のイエメンに伝わり、十五世紀頃になると北アフリカ地中海沿岸のエジプト、そして、次に東岸のシリアにも広がった。この時代、エジプトもシリアもイエメンもオスマン帝国の支配下だったので、コーヒーはたちまちオスマン帝国の全域に広がっていった。

そのコーヒーが、オスマン帝国の首都であるイスタンブルに伝わったのは、十六世紀中葉の第十代スレイマン大帝の時代だといわれている。スレイマン大帝というと、トルコでは「カーヌーニ」の名前で知られているスルタンで、オスマン帝国の領土をアジア、アフリカ、ヨーロッパ大陸にまで拡大した偉大な人物として知られている。この第十代スレイマン大帝が、一五二九年にウィーン攻略を開始。領土拡大に燃える野心的な大帝は、神聖ローマ帝国皇帝でハプスブルグ家の当主だったカール五世の本拠地であるウィーンを二か月近く包囲した。ただ、結果的には、激しい反撃に遭い、ウィーンを陥落こそできなかったが、この包囲戦のあと、バルカン半島はオスマン帝国の領土に組み込まれるなど、オスマン帝国の領土は最大化した。そして、この侵攻はヨーロッパのキリスト教の国々を震恐させた。

さて、スレイマン大帝の「偉業」によって、オスマン帝国の領土が最大域にまで広がることにより、首都イスタンブルには、各地から様々な物資や文化が入ってくるようになった。コーヒーもその一つだった。一五五四年、イスタンブルに世界で初めてコーヒーを専門に振る舞う店が登場する。トルコ語では、この店をカフヴェハネと言う。そして、カフヴェを入れる専門家は、カフヴェジと呼ばれた。ここでのコーヒー、つまりカフヴェは、今日の一般的な作り方であるフィルターを使う方法ではなく、水で溶いたコーヒーパウダーを沸騰させ、静かに粉をカップの底に沈殿させるトルコ式の方法で作られた。こうしてカフヴェは帝都イスタンブルの社会に定着していった。

社交の場「カフヴェハネ」

さて、イスタンブルにできたカフヴェハネは、男性たちの社交の場になり、それが市内各地に広がり、さらに地方にも広がっていった。この地方というのは、もちろん、現在のトルコ共和国の領域ではなく、アジア、アフリカ、ヨーロッパ大陸にまたがる広大なオスマン帝国の領土のことである。

現在は博物館になっているトプカプ宮殿で学芸員をしている友人の話によれば、十六世紀のカフヴェハネは、エリート層の男性の集まる場所だったという。それが十七世紀に入ると多様化し、職業や階層別のカフヴェハネが登場するようになった。とくにイスタンブルのような大都市には、機能や個性の異なったタイプのカフヴェハネも現れるようになった。それらの個性的なカフヴェハネの中には、真ん中に噴水まで備えた豪華なものもあったそうである。

また、カフヴェハネは、たんに豪華な調度や設備に凝るだけではなく、そこで演芸が楽しめる場所としても使われるようにもなっていった。その一つが、話芸芸人メッダー（meddah）の噺を聞くことができるカフヴェハネである。メッダーたちは、ちょうど日本の落語家や講談師が寄席で演じるように、独り語りの芸をカフヴェハネで演じた。

当時、メッダーたちが演じたメッダー噺には長編が多かったため、噺の途中で休憩が入るのが通例だったが、その休憩時間に、聴衆たちはカフヴェを楽しみ、また、タバコを呑んだりした。ときには、メッダー噺の登場人物の双方に感情移入して熱くなった聴衆同士が喧嘩を始めたり、お気に入りの人物が噺の中で死んでしまうと「どうして殺した！」と気色ばんだ観客が、語り手であるメッダーに食ってかかったりすることもあったという。

多目的化し、ヨーロッパに伝播するカフヴェハネ

このように、オスマン帝国時代のカフヴェハネは、トルコ社会の中で、多様な機能を担う多目的空間として重要な存在となっていった。そこは、たんに社交の場であるだけでなく、商業活動の情報交換の場であり、また、一人静かに読書する場でもあった。

イスラム社会の共通する特徴として、そこに集うのはもっぱら男性だけだった。ということは、男性たちにとってつきものの話題、つまり、きわどい政治的な話題がカフヴェハネでは公然と飛び交った。スルタンは、時々、市井の人々の格好をしてお忍びで街に出て、人々の生活を見聞きしたという記録が残っている。こんなとき、カフヴェハネは、外すことができない視察の対象だったのである。スルタンは、カフヴェハネで市民たちが交わすさまざまな話題、とりわけ政治的な話題にこっそりと耳を傾けたといわれる。そして、人々の政治批判に敏感に反応した。そのせいか、オスマン帝国時代には、カフヴェハネが政治批判の場になることを懸念して、カフヴェが禁止されることもあったといわれる。

しかし、それでもカフヴェ文化はしぶとく生き残り、オスマン帝国が滅んだ後も、市民たちの生活に欠かせない存在として、連綿と続いていった。そして、もちろん、このカフヴェ文化は西欧にも広がっていった。

カフヴェがヨーロッパに広がっていく経路には、諸説あるが、オスマン軍が第一次ウィーン包囲の失敗の後、捲土重来を期して一六八三年に行なった第二次ウィーン包囲にも失敗し、その撤退時に放棄した装備品の中に入っていたコーヒーが、ヨーロッパに広まったという説がトルコで

は有力である。また、当時オスマン帝国と同盟関係にあったフランク王国、今のフランスの前身にも、伝わったといわれる。いずれにせよ、コーヒーがオスマン帝国から西欧に入ったのは間違いないところのようだ。コーヒーを呑む場所を意味する英語「cafe」の語源が、カフヴェハネであると言われていることから考えると、オスマン帝国時代にカフヴェを楽しむ場であったカフヴェハネは、西欧におけるカフェより先行していたことが分かるだろう。

カフヴェを含む諺や慣用句

先述したように、カフヴェは、単に飲み物というだけでなく、トルコの生活文化と深く結びついている。それは、トルコ語の言語表現の中にカフヴェを含む慣用句や諺がよく登場することからも分かる。

たとえば、「Bir fincan kahvenin kırk yıl hatırı vardır.」はそんな諺の一つである。直訳すると、「いっぱいのコーヒーには四十年の思い出がある」となるが、これは、「人というのは、どんなに小さいことでも、親切にしてくれた友情は、絶対に忘れない」という意味で使われる。この諺には、「一杯の苦いコーヒーには、四十年の思い出がある」という別の形もあるが、意味は同じだ。

「Gönül ne kahve ister ne kahvehane, gönül sohbet ister kahve bahane.」という諺もある。この諺は「コーヒーも、カフェもいらない、友達との会話がしたいのであって、コーヒーは言い訳にすぎない」という意味

3-2　噴水の周りで憩うカフヴェハネ風景

である。今では、世界各国にあるコーヒーのチェーン店で一人飲むコーヒーもあるが、この諺には、相手と歓談しながら、カフヴェをともに飲む時間をもつことがいかに大切であるかという意味が含まれている。

カフヴェを含んだ慣用句もある。たとえば「mahalle kahvesi gibi」という慣用句。これを直訳すると「地区のカフヴェハネのような」という意味になるが、その含意としては「クオリティが低く、騒々しく、混雑した場所」を意味する。ようするに、空気のよくない猥雑な空間という否定的な表現なのである。かつて日本でも、学生街のジャズ喫茶などがそうだったように、閉め切った空間の中で、タバコの煙とコーヒーの匂いと人いきれが混ざり合い、得体の知れない陰鬱な雰囲気が漂う場所が場末の街のあちこちにあった。トルコでも、まさにそういう場所を指す慣用句として、この「mahalle kahvesi gibi」という表現が使われてきたのだろう。

ただし、今日のトルコでは、公共の場所やレストランやカフェなどの閉ざされた室内での喫煙は、法律できびしく禁止されている。喫煙は野外でしか認められておらず、喫煙者たちがカフェの野外席で寒そうに紫煙を燻らせながらカフヴェやビールを飲んでいる風景は、今やイスタンブルの冬の風物詩になっている。この点に関しては、トルコは日本より「先進的」だと言えるかもしれない。

いずれにせよ、このような諺や慣用句をみても、カフヴェがいかにトルコの生活文化の中に深く結びついているかが分かるというものである。

＊コラム3＊　食べ物をめぐるトルコの諺や慣用句

トルコにも、食べ物を題材にしたたくさんの諺や慣用句がある。そのいくつかを紹介しよう。

・「ブドウは互いに見合いながら黒くなっていく」　↓　日本でよく使われる「朱に交われば赤くなる」に似て、いつもいっしょにいると似かよってくる。よい意味にも使われる。

・「これからスイカを切るところだったのに」　↓　〈京都のぶぶ漬け〉と同様に、帰ろうとする来客へのリップサービスとして使われる。だから、実際にスイカはないから要注意。

・「あの人はマイダノス（イタリアンパセリ）ね」　↓　「あの人は、何にでも首をつっこむ人」という意味で使われる。イタリアンパセリがどんな料理にもトッピングされるところから生まれた表現だと思われる。

・「わたし、アイヴァ（マルメロ）を食べちゃった」　↓　「うまくことが運ばず、まずいことになってしまった」という意味で使われる。マルメロが渋いところから生まれた表現であろう。

・「あなたが喜ぶなら、生の鶏肉だって食べる」　↓　生の鶏肉を食べる習慣がないトルコでは、「大切なあなたのためなら無理難題も厭わない」という意味で使われる。

家庭生活の中のカフヴェ――一日の始まりの「儀式」

では、つぎに、カフヴェが一般家庭でどう飲まれているかを見てみよう。私の友人たちの家をみると、多くの場合、お母さんやおばあさんは、朝起きると、かならずといってよいほど、まずカフヴェを飲む習慣がある。トルコ語で朝食は「kahvaltı」(カフヴァルトゥ)というが、この言葉は、kahve(カフヴェ)+altı(~の下)が繋がってできた言葉だ。つまり、コーヒーを飲む前に、胃の下に何かしら入れておくという意味なのである。これをみると、一般家庭で、コーヒーは午前中に飲む習慣が続いてきたことを暗に示しているように思われる。しかし、友人のお母さんたちはといえば、カフヴェの前に食べるはずの朝食(カフヴァルトゥ)よりも先に、カフヴェを飲んでいたのだけれど……。

以前、そんなトルコ人のお母さんたちと一緒にヨーロッパ旅行に行ったことがあった。その道中、お母さんは、カフヴェを作る機械とマイカップをずっと持ち歩き、毎朝、カフヴェを作り終えると、そのカップを手に持って、タバコを吸うためにわざわざホテルの外に出かけていった。彼女に聞くと、毎朝カフヴェを飲まないと頭が痛くなると言うのだった。

私は、イスタンブルで住んでいたアパートの上の階の人に「我が家においで」とよく誘われることがあった。お邪魔すると、かならず最初に「コーヒー飲んだ?」と聞かれた。「飲んでない」と答えると「私もまだ飲んでないの」と言い、カフヴェを作ってくれた。トルコの人々にとって、カフヴェは、私たちが飲んでいるようなフィルターコーヒーとは違って、気ままに何杯も飲むものではないのだろう。それは、大げさに言うと、一日の始まりに変わらず実行しなければならない儀式といってよいのかもしれない。

カフヴェ占いの世界

カフヴェを飲んだ後にも楽しみがある。カップの下に沈んだコーヒーの粉の形で占いをするのだ。占い方としては、まず、最初にソーサーをカップの上に伏せて置き、頭の中で願い事をしながら、それを手前にひっくり返す。そして、カップが冷めるまで待つ。カップが冷えると、カップの中には、残った沈殿物が付着しているのだが、このカップに付着した沈殿物の模様の形で占うのだ。この占いに凝っているトルコ人は少なくない。私の友人たちの家族や知り合いの中にも、このカフヴェ占いを愛好する人が少なからずいて、私も何度も占ってもらった経験がある。

占いに凝る人たちの話によれば、この模様を見ると、占う人は言葉が口から自然に湧き出てくるそうだ。占う友人たちの中には、具体的な予言をする人もいるようだが、多くは、「いいニュースが来る」とか「出会いがある」とか「悩みが多い」などと、具体的な予言ではなく、印象的な言葉をほのめかすことが多いように思う。

ただ、一度だけ、私は、ある知人に占ってもらった時に「背筋がしゃんと伸びてベレー帽を被っている、髪の短いおじいさんを知っていますか?」と聞かれたことがあった。想うと、私の母方の祖父が僧侶で、出かけるときにはいつもベレー帽を被っていたことを思い出した。そこで、その知人に、祖父がそれに似ていると伝えると、「その人は、いつもあなたのことを心配し見守ってくれていますよ」と言うのだった。私は大好きだった祖父のことを言い当てられたように思い、涙がでたことを覚えている。カップに残された模様だけで、こんな具体的なことまで言い当てられたように感じ、私はすっかり驚いてしまった。

イスタンブルだけでなく、トルコのあちこちに、カフヴェ占いを職業とする占い師がいるといわれる。占い付きでカフヴェを飲める店もある。友人たちの中には、こういう店の占い師から、交際相手の名前を当てられたとか、将来のよくない出来事を知らされたりしたという人もいた。今では、カップの模様の写真を撮って送ると託宣の言葉が送られてくるスマホの占いアプリまであるそうだ。ちょっと味気ない気もするが、古今東西、占いはいつの時代でも根強い人気なのだろう。

しかし、私はそれほど迷信家ではないので、「ほら、ここを見て。この模様、魚の形をしているでしょう。きっといい出会いがあるわよ」などと友人に占ってもらうので十分満足している。

現代に受け継がれるカフヴェハネの文化

さて、話をカフヴェハネに戻したい。オスマン帝国時代のカフヴェハネが、男性の社交の場だったことには触れた。そこに集まり、友人たちと語らい、時には悩みを打ち明けたりする、重要なコミュニケーションの場だった。このカフヴェハネ文化は、現在にも受け継がれている。私が住んでいたイスタンブルのベシュクタシュ地区にも、カフヴェハネがあり、連日、男たちが集まり、水パイプを吸ったり、タヴラ（バックギャモン）やオケイ（トルコの麻雀のような四人でするゲーム）をしたりする光景が途切れることなく見られた。こういう店で働く人も、たいがい男性だった。女給さんやウエートレスが接客する日本のカフェとは異なり、男限定のカフヴェハネ文化は、オスマン帝国時代の名残だと言えるかもしれない。

今日でも、トルコの地方都市に行っても、どんな小さな町に行っても、必ずカフヴェハネがあり、男たちがつるんで、おしゃべりしていたり、ゲームをしたりする光景を目にすることができる。それを見るにつけ、カフヴェハネがたんに社交の場としてあるだけではなく、彼らにとって、人生を語り、喜びや苦しみを分かち合う大切な場となっていることを想わざるをえない。

実は、この事実をあらためて深く認識する経験をした。二〇一八年の夏、私は、一九九九年八月十七日に起こったマルマラ地震の記憶が、被災地でどう継承されているかを調べるため、聞き取り調査に出かけた。そして、偶然知り合った老人たちから貴重な体験を聞くことができたのだが、その老人たちとの出会いの場の一つが、カフヴェハネだったのである。聞き取りをとおして、カフヴェハネは、市民たちがたがいに語り合い、癒し合う場となっていることが分かった。それはカフヴェハネが市民たちにとっていかに大切な場であるかを再認識させる経験でもあった。その貴重な体験を調査報告として書いた論文から引用したい。

カフヴェハネで出会った老人たちの「語り」

マルマラ地震の被害があった地域は、夏の別荘地域だったため、滞在客の多くが被害にあった。山側に、建物の基礎部分だけが残っている別荘跡が数多く残っていた。そこには、別荘は再建されず、無残な建物の痕跡だけが何棟分も、むき出しのまま残っていた。

私たちは、あらかじめ依頼していた（被災者救援に関わった軍人の）NZ氏の体験談をビデオで収録するため、どこか静かな場所を

3-3　カフヴェハネで被災体験を語る老人たち、聴き手は筆者（ヤロヴァ）

探した。そして、ようやく海岸近くのカフヴェハネが見つかった。カフヴェハネの店主はすんなりと一角を提供してくれた。

（中略）滞りなくビデオ収録が終わり、カフヴェハネから表の道に出たところで、収録場所となったカフヴェハネの写真を撮るために屋外のテーブルを囲んでオケイのゲームをしている老人たちに近づき、撮影の許可を求めた。するとテーブルを囲んでいた四人の老人たちの一人が、自分を撮ってほしいと、我々の方に笑顔で手を挙げた。老人たちが囲んでいたテーブルの状態をみると、どうやらゲームは一段落ついたところのようだった。

金網越しに、老人たちとの会話が始まった。そこで、私は、その老人たちにも、マルマラ地震での体験について尋ねた。すると、老人たちは、我々にテーブルに一緒に座るようにと誘った。カフヴェハネは、トルコでは男性たちの社交の場であり、女性はそこに入ることを遠慮するのが習わしだった。そこで、女性の私が入ってもいいのかと尋ねると、老人たちは、遠慮なく入ってくるように促した。

日本からの訪問者である私と夫の二人が老人たちのテーブルに近づき、テーブルの傍らに座り、老人たちの話を聞いた。老人の一人が席を外したので、私は、空いたその老人の席に腰掛け、残りの三人の老人の話に耳を傾けた。夫は、ビデオカメラでその様子を記録した。

三人の老人たちは、カフヴェハネの給仕係にチャイ（トルコ式の紅茶）を注文し、我々二人にふるまった。私の前方に座っている老人は、赤にラインの入ったポロシャツを着て、額がはげ上がった白髪で、口ひげを蓄えていた。（中略）彼は、その時の様子をこう語った。

「一九九九年八月、夜中の三時だった。……その夜は暑かったね。本当に暑かった。……わしは寝入ったところだった。二階建てのアパートでね。三時十五分頃、パッと目が覚めて、妻に言ったんだ。雨が降ってると。家の前の石炭庫の屋根はトタンなんだ。「雨が降ってる、雹が降ってる」と言ったんだ。妻は、「え？　何が雨なのよ、地震よ！」と言った。……ドアの外に飛び出した。住んでいた村は高台にあったので、下を見たらいたるところ煙だらけだった。そして、埃。いたるところ埃と煙だった。大混乱だ。建物が壊れて、いたるところ、埃、煙、雷。……いたるところ壊れていた。……嫁入り道具のそばで娘が死んでいた。婚約していたんだろう。建物の下敷きになっていた。遺体は十五日後に、そう十五日後に出てきた。どうやれば見つけられたんだ？　無理だったんだ。人間がまるで獣の死臭を漂わせていた。悲惨だった。……うめき声、叫び声、手が取れた人、脚が取れた人、もぎ取れた男の頭、突き出した脚。わしは見た、そのもぎ取れた頭、突き出した脚を。避暑に来ていた人たちだから、知り合いじゃないけれど、それでも人は人。どこの誰であってもね。わしはそんな経験をした。……アッラーよ、もうこんな光景を見させないでください。」

現代を生きる男女のためのカフェ文化

このようにして、カフヴェハネで、私は、被災した老人たちからその生々しい体験を聞くことができた。実は、この聞き取り調査に来る前、イスタンブルに住む大学教授からは、被災地で被災者から話を聞くことは困難だろう、彼らは何も語りたがらないし、被災者に会うことも難しいだろうと聞かされていたのだった。たしかにそうかもしれなかった。しかし、カフヴェハネがその難しい出会いを可能にしてくれたのだ。カフヴェハネは、重苦しい体験を心に秘めた市民たちにとって、心を開き、その辛い記憶を継承する貴重な場なのかも知れない。この被災地のカフヴェハネでの経験は、トルコの市民たちにとって、カフヴェハネが今でもいかに大切な場となっているかを私に再認識させたのだった。

さて、カフヴェハネが男性にとってサロンの役割を果たしていると書いた。しかし、では、カフヴェハネに行かない女性たちは、一体どこでコーヒーを飲んでいるのだろうか？
そんな疑問を持たれたかと思う。

それに答えるには、カフヴェハネの歴史をあらためてたどる必要がある。

オスマン帝国時代のカフヴェハネは、ヨーロッパに伝わり、そこでカフェとなった。このカフェは、ヨーロッパの各地で、それぞれ独自のコーヒー文化を育んでいった。そして、長い年月の後、ヨーロッパで変化発展したそのカフェが、トルコに逆輸入されることになったのである。これは、一九八〇年代より見られるようになった、実に新しい現象だ。従来からあったカフヴェハネとは別のものとして、トルコでも、各地でカフェが開店するようになったのである。このカフェでは、飲み物も、食事も、デザートも提供される。そして、もちろん、このカフェには女性たちも自由に出入りでき、そこでカフヴェを飲むこともできる。これ以外にも、女性たちは、ケーキやクッキー、パンなどを提供するパスタネと呼ばれる店でも、カフヴェを楽しむことができる。もちろん、このカフェやパスタネには、女性だけではなく、男性も入れる。今日、カフェは、若い男女にとって、愛をかたる格好の場所ともなっている。

ところで、最近まで、トルコでコーヒーといえば、カフヴェか、インスタントのネスカフェのことだった。驚くことに、インスタントコーヒーが堂々とカフェのメニューに載っていた。トルコで暮らし始めた一九九〇年代の半ば頃、店のメニューに「ネスカフェ」が載っていることに驚き、日本で馴染んでいたフィルターコーヒーが恋しかった。しかし、今では「ネスカフェ」はすっかりメニューから消え、トルコのほとんどの街でフィルターコーヒーがカフェのメニューに載るようになった。

時代は変わっていくものなのだと感慨深くトルコの変貌を見つめている。

第4章　イスラムの年中行事を食べ尽くす

ラマザン、そして、バイラム

うまい菜のサルマ。サルマは「巻くこと」の意。他にブドウの葉やキャベツなどを使ったサルマがある。レシピ→184頁。

イスラム教徒にとって欠かせない断食

イスラム教徒が行なうべき五つの信仰的行為は、信仰告白、礼拝、喜捨、断食、巡礼と定められており、「断食」は、その一つである。

トルコ政府の宗教事務局が二〇〇八年に出版した『オルチュ・イルミハーリ(ORUÇ İLMİHA-Lİ)』という本(一言で言えばイスラム教断食指南書とでもいえばいいだろうか)には、「断食」に関するコーランの一節がトルコ語で紹介されている。そのトルコ語の一節を日本語に翻訳してみよう。

「やあ、イスラム教徒たちよ! 邪悪なものや禁断のものから守るための断食は、あなたたちよりずっと昔から義務づけられているように、あなたたちにも義務づけられた。」

また同書には、断食についての予言者ムハンマドの言葉がトルコ語で紹介されている。それも日本語に訳してみる。

「信じながら、そして、善行(神に褒められる行為)として望みながら、ラマザン月に断食をすれば、アッラーは今までに犯した罪を許す。」

この本は、トルコ語で書かれた断食指南書とでもいえるような本で、トルコ語訳のコーランを引用しながら、ことこまかに断食について解説している。トルコのイスラム教徒にとって、断食ガイドラインといえるもので、イスラム教の教えを忠実に実践しないと心が休まらないトルコ人にとって、大変役に立つ本なのだ。

イスラム教に馴染みのない人々からは、「断食」のことを「ラマダン」や「ラマザン」と呼ぶと誤解されることが多いが、正確には、イスラム暦の第九番目の月のことをアラビア語で「ラマダーン」といい、トルコ語では「ラマザン」という。一方、行為としての「断食」はトルコ語ではオルチュという。

近代化を経て、世俗主義が浸透したトルコ社会とはいえ、人口の九十パーセント以上がイスラム教徒であり、イスラム教に従った生活様式は人々の暮らしに深く根づいている。断食はその重要な一つだ。

断食の決まりごと

断食については、詳細な決まりがある。その詳細を述べることは本章の目的ではないので省くが、たとえば、断食中は、味見すらしてはいけないといわれる。だから、信心深い料理人のいるレストランでは、断食月の間は、料理人が味見をせず調理するので、味が変わってしまうこともあるそうだ。

他方、旅行者や病人などは断食を免除される。また、断食をしている女性が生理になると、断食を止めなければならない。そのため、断食を中止した分の日数は、断食月が終わってから断食をやり直すことになっている。断食中には性交渉や喫煙などは禁止されている。悪口や喧嘩もさけなければならないとされる。これらの禁止事項を破った場合には、理由により断食をやり直す。

断食月の最後の日に失恋し、心の傷に耐えかねてタバコを吸ってしまったために、断食をやり直した男性がいたという話を聞いたことがある。先に紹介した宗教事務局出版の本では「断食月にタバコを故意に吸うと、断食を崩した日数に加え、二か月間続けて断食をしなければならない」と書かれているから、この男性の行為もけっして極端な事例ではない。もちろん、すべてのトルコ人が、この本にあるような細かな規則を守って断食をしているわけではないが、かくのごとく断食は、イスラム教徒のトルコ人にとって、きわめて身近な宗教生活なのである。

この「断食」に限らず、イスラム教にまつわるさまざまな行事は、すべてイスラム暦に則って行なわれる。イスラム暦は、太陽暦とは異なり、基本的に月齢にしたがって定められる。だから、これらの行事は、毎年、前年より十一日ほど早く始まることになる。

ラマザンとの厳しい出会い――最初の赴任地で

私が初めて断食月を経験したのは、最初に四年間住んだアナトリアの地方都市だった。しかし、その思い出は、あまり素敵なものではなかった。その町は、たいへん保守的、つまりイスラム教の実践に熱心な街だったので、断食をしない同朋に対して有形無形の圧力が加えられた。イスタンブルのような開放的な大都市出身の学生の中には、断食月の日中タバコを吸って、見知らぬ人から「何故断食をしないのだ」と殴られた者もいた。

断食月は、三十日間続くけれど、実際に断食するのは「日の出」から「日没」の間。日が沈んでから日が出るまでの間は、飲み食いできるわけである。一日の断食が終了する日没とともに食べる食事のことを「イフタール（iftar）」という。これに対して、断食を始める日の出前に食べる食事は「サフル（sahur）」と呼ばれる。

大学で教えていた四年間の断食月は、あいにく極寒の冬の時期だった。勤めていた大学では、日没とともに食べるイフタールに間に合うようにと、授業も業務も夕方には終わり、教員も職員も学生も一斉に帰路についた。というのも、イフタールの間は、あらゆる公共交通機関がストップしてしまうからだ。それを知らなかった私は、何度かバスに乗り遅れたことがあった。そんな時は、凍てついた道を一時間もかけて歩いて帰るか、イフタールが終わってバスが動き始めるまで一時間以上凍えそうになって街頭のバス停で待たなければならなかった。アナトリア中央高原の冬は厳しい。氷点下は常態である。陸の孤島になるほどの積雪もある。

冬のイフタールの時間に歩いて帰るというのがどんなものかは、日本で暮らす人たちはなかなか想像しづらいと思うが、たとえば、カウントダウンなどなかった昔の寒い大晦日の夜、除夜の鐘がなるまでの数時間、通りには誰一人いなくなる夜の静寂を想っていただくと分かってもらえるだろうか。寒く暗く寂しく、そして、恐ろしかった。

また、バス停で待っている間は、目前のガラス戸を閉じた店の中で、人々がおいしそうに暖かな食事をとっている風景をただ眺めているしかなかった。手袋をしてもかじかむので、息をふきかけながら足踏みをしていた。寒くて凍えそうだった。そんな経験が私の断食月に対する印象を暗いものにした。

大都市イスタンブルのお祭りのようなラマザン、豪華なイフタール

私は、最初の地方都市での四年間の経験から、断食月について、かなりネガティブなイメージを持ち続けていた。トルコのイスラム教徒はみんな断食をしなければならないと、私は思い込ん

でいた。

しかし、イスタンブルに引っ越してから、断食月に対する認識が百八十度変わった。断食月は決して暗いものじゃないと思うようになった。まず、公共交通機関は休むことなく動いていた。人々は、バスを待つ間にイフタールの時間が来ると、鞄から水やパンを取りだして、口にした。街のあちこちには、特設のテントが張られ、そこで断食月の一か月間、イフタールの食事が提供された。

そして、何より、イスタンブルに引っ越しした後、断食をするのもしないのも、個人の判断であるというのを知った。土地が変われば、断食についての考え方も変わるのだ。日中、喫煙する人もいたし、レストランでご飯を食べる人もいたが、誰も咎め立てしなかった。お酒を出すレストランの中には、ところどころ閉まるところもあったが、たいがいの場所では基本的にお酒も自由に買えた。

そればかりか、イフタールが終わってから、その後に続く長い夜の時間のために、露天が出たり、そこで余興も行なわれたりした。まったく楽しげなラマザンなのだった。さすが、コスモポリタンと言われる大都会のイスタンブルだ。ここでの経験によって、私は、ラマザンはお祭りのようなものなのだと認識を改めた。そして、イフタールは、「食べ物をともに分かち合うことの大切さを知る」機会なので、市民たちは、イスラム教徒であるかどうかに関係なく、人々を食事に招くのだった。だから、イスタンブルに引っ越してからは、イスラム教徒でない私もよくイフタールに招待された。

断食月が始まると、多くのテレビ局は、イフタールのための特別な料理や、夜に大量に食べても太らないような健康レシピを紹介する番組を競って放送し、また、書店に並ぶ料理雑誌はイフタール料理の特集を組むようになる。かくて、断食月の間はいつも以上にご馳走が続くことになる。

断食するくらいだから、その間は贅沢な食事は戒められるのではないかと考えるのは、異教徒の誤解かもしれない。というのも、先程の政府の宗教事務局が出版した本にも、「ラマザン月の準備」という項目の第四項に「サフルとイフタールの食卓は、過剰な浪費はしないまでも、豊かにしなければならない」と書かれているからだ。

かくて断食月中の食卓は、いつもより豪華になるのである。

喧騒とカオスのラマザン

そしてこれは、今思えば、イスタンブルだけの傾向ではないようだ。というのも、私が最初に赴任した地方都市で生まれた友人の一人が子ども時代を振り返って、「ラマザンは、毎日、ごちそうが並ぶので、大好きだった。」と述懐するのを聞いたからである。もちろん、この言葉の背景には、子どもが断食を免除されているという事情もあるのだが。

とはいえ、大都会イスタンブルでは、断食月ならではの混乱もある。人々は、豪華な食卓を脳裏に描きながら、イフタールに間に合わせようと必死に家路を急ぐことになる。その結果、無謀な運転をする人たちが巻き起こす喧騒とカオスが街のあちこちで発生する。けたたまし

4-1　イフタールを提供する特設のテント（イスタンブル、エミノニュ）

くクラクションを鳴らし怒鳴り合う人々。断食中は喧嘩や悪口は慎むはずなのに、喧嘩寸前の様相となる。それに空腹が拍車を掛ける。

断食をする友人たちに「お腹が空かないの?」と聞くと、きまって「空かないんだよ」と答えが返ってくるのだが、そんな言葉とは裏腹に、空腹がイライラの原因になっているとしか思えないことも多かった。喧嘩をするくらいなら何のために断食をするのかと疑問に思うこともあった。

一度、この疑問をある友人にぶつけてみたことがある。その友人は「断食月は、普段より優しい気持ちにならないといけないのだから、聖子の疑問はもっともだ」と素直に認めた。建前と本音の乖離は、どんな社会にもあるのだろう。とはいえ、私も断食に挑戦してみたことがあるが、三日間しか続かなかった。だから、一か月も断食を続けるトルコの人々は、やはり信心深いことも事実なのである。

イフタールの食卓で

さて、イフタールの食卓のことだが、私が何度もご馳走になった家庭のイフタールはこんな具合だった。テレビがあらかじめ各地の日没時間を放送する。人々はその時間までに食卓に着いて日没を待つ。すると、近くのモスクの拡声器がエザンを読む声を流し始め、それが窓から聞こえてくる。そこで、人々は待ってましたとばかりに一斉に断食明けの食事を食べ始める。

窓のそばで聞いている子どもに「エザンは読まれ始めた?」と繰り返し聞く。ここで、間違ってエザンより早く食べ始めてしまうと大変なことになる。だから、エザンの始まりがしっかりと確認できるまで、どの家庭でも人々は注意深く神妙に待つのである。そして、エザンが始まると同時に、ナツメヤシか、それがなければミネラルウォーターなどで水分を摂り、断食が終了する。ちなみに、基本的には、最初に何を口にしてもいいが、コーランには、ナツメヤシか水がいいと書かれているそうだ。

断食月のレストランでは、特別に「イフタール・メニュー」が登場する。スープからデザートまでのセットメニューで、人々はレストランが準備した席につき、セッティングされたその料理を前にして、日没のエザンが読まれるのを待つのである。

ところで、トルコで普通、主食として食べられているパンは、日本で売られているフランスパンのバタールのような形と大きさの、エクメックと呼ばれるパンである。しかし、断食月には、このエクメックではなく、特別に、平たい円盤のような形状をもつラマザンピデスィ（ramazan pidesi）を食べる。だから、イフタールの時間が近づくと、焼きたてのラマザンピデスィを買うための行列がパン屋の前にできることもある。

イフタールの食卓を飾るメインの料理は、とくにこれを食べるという決まりがあるわけではない。しかし、いつもよりゴージャスな料理が準備されることは言うまでもない。

断食月にはデザート用に「ギュルラッチ（güllaç）」と呼ばれるお菓子が売られる。十五世紀のオスマン帝国時代にはすでに食べられていたお菓子である。スーパーなどで、コーンスターチと小麦に水を加え薄く伸ばして乾燥させた専用の生地を買って家庭で作ることもある。この生地は、ベトナム風春巻きに使うライスペーパーに似ている。砂糖を溶かした牛乳にその生地を浸し、柔らかい状態に戻す。この生地を四、五枚重ね、その間に刻んだクルミを挟み込む。つぎに、バラ水を混ぜた牛乳をこの生地の上からそっとかける。最後に、ザクロの実と細かく砕いたピスタチオを散らし、冷蔵庫で冷やして完成させる。ピスタチオの緑とザクロの実のピンクが、牛乳を含んで白いキャンバスのようになった生地の上で鮮やかに輝き、たいへん美しい色合いの一品となる。バターなどの脂分を使わないので、味はあっさりとしており、ご馳走をたくさんいただくイフタールの後には絶好のデザートである。

日の出前に食べるサフルを知らせる太鼓

さて、日付が変わって翌朝、日が昇る前に摂る食事がサフルである。サフルは日の出前に摂るので、食べた後、また朝まで眠ることが一般的だ。だから、このサフルは、軽い食事となる。しかし、軽めとはいえ、このサフルを逃してしまうと、その日は日没まで何も口にできなくなる。だから、逃すわけにはいかない大切な食事であることに変わりない。

このサフルを逃さないために、日の出前に太鼓を叩きながら街路をねり歩き、眠っている人々を起こして回る役目を担う人物がどの地区にもいた。トルコのラマザン料理と台所文化について書かれたキャーミル・トイガルの論文によれば、昔は、太鼓を叩いて人々を起こしてまわる際には、太鼓とともに、マーニ（mani）と呼ばれるトルコ独特の四行詩も大声で吟じたと言われている。

イスタンブルの私が住んでいた地区にも、日の出前のまだ真っ暗な街路を、太鼓を叩いてまわる男の人がいて、毎日、未明に起こされた。ボランティアなのかそうでないのか、マーニを吟じていたのかいなかったのか、結局、寝ぼけて朦朧とした私には分からず仕舞いだった。大きな音のため、一度は禁止になったとも聞いたことがあるが、あの太鼓は今も、断食月の夜明け前の街路に鳴り続けているのだろうか。

断食月が終わると、太鼓叩きの男が地区内の各家を回って、起こし料を集金する。各家は、心付けとして幾ばくかの金銭を渡すことが習わしとなっていた。私は、断食をするわけでもないのに、毎朝、ドンドコと太鼓で起こされ、内心迷惑に感じていた。だから、心付けをすることはさすがになかったが、迷惑だとは口に出せなかった。

断食明けの祝祭、シェケル・バイラム

一か月続いた断食月が明けると、三日間の「シェケル・バイラム（ラマザン・バイラム）」が始まる。このシェケル・バイラムには、断食を滞りなく終えたこととアッラーがそれをお認めになったことの喜びを祝う意味がある。

シェケル・バイラムの初日の早朝には、家族の男性はモスクにお祈りに出かける。女性は、その朝に食べる特別に豪華な朝食（朝昼兼用のブランチ）の用意をする。起きてきた子どもたちは、シェケル・バイラム用に新調してもらった新しい服に袖を通す。そして、家族や親戚とお祝いの挨拶をかわし、みんな一緒にテーブルを囲む。シェケル・バイラムの朝食としてきまった料理はないが、シェケル・バイラムの朝食風景は、日本の元旦に各家庭で食べるお節料理に、どこか似ているように思える。

このシェケル・バイラムの「シェケル」とは、砂糖や甘いお菓子を意味する言葉である。その名のとおり、この祝日には、甘いお菓子

4-2　年長者にバイラムの挨拶をする子ども

を携えて親戚や知り合いに祝儀の挨拶をする。子どもたちは、近隣の家のドアをたたき、バイラムのお祝いの口上を告げると、ハロウィンと同じように、キャンディーやチョコレートなどのお菓子がもらえる。そのため、バイラム前になると、スーパーでは、袋詰めや量り売りのキャンディーやチョコレートが山積みされて売られる。

シェケル・バイラムがくると、都会に出て暮らしている人たちは、実家に帰省し、田舎に暮らす両親とともに祝うことが習わしである。そのため、人々は、あらそって長距離バスや飛行機のチケットを買い求める。日本の正月休みの帰省ラッシュと同様である。

ところが、近年、シェケル・バイラムに実家には帰らずに国内外の旅行に出かける若い世代の家族が増えている。しかし、実家の両親は、やはり自分の子どもたちが帰ってくるのを心待ちにしている。外国人の私を、家族と同様に温かく迎えてくれるのも「私たちのところに、よく訪ねてきてくれた」という意味があるのだろう。シェケル・バイラムになる前に、年老いた両親が二人だけで客人を待っているという、寂しげなテレビCMが流れたことがあった。実家に帰ってあげなさいという、メッセージが人々の心の琴線に触れたことと思う。

シェケル・バイラムの三日間

シェケル・バイラム初日のゆっくりした朝ご飯が終わると、年齢が上の親戚や知人への訪問が始まる。年下の者が年上の家を挨拶に訪ねるのが礼儀なのだ。まだトルコ語が全く分からなかった頃、私は、知人の家族とともに親戚の挨拶回りに同行したことがあった。トルコでは、今の日本では考えられないぐらい親戚付き合いが緊密だ。日本では会うこともないような遠い親戚まで、シェケル・バイラムの挨拶に出かけていく。そして、行く先々で、甘い物がふるまわれ、久しぶりの再会に、会話に花が咲く。初日は、こうした挨拶回りで日が暮れていくのである。

二日目になると、今度は客人がやってくる。絶え間なくやってくる。親戚回りをするとき挨拶用に甘いお菓子を持って行くが、訪ねてくる客人のためにも、用意しておかなければならない。かつては、小麦粉で作られた生地に甘いシロップをかけたバクラヴァ（詳しくは第5章参照）がそれぞれの家庭で作られた。甘いものだけではなく、やってきた客人がまだ食事を済ませていない場合には、チキンスープ、羊肉の入ったピラフ、麦や羊肉を牛乳で煮込んで作る粥のようなケシュケクという料理（宗教的な行事や冠婚葬祭でしばしば出される）、そしてパイに似たボレキを振る舞う。これらの料理をあらかじめ、すべて準備しておくのである。

このように、おもてなしの準備や後片付けで、女性は大変である。しかし、それでもシェケル・バイラムの挨拶に来てくれることを男性ばかりでなく、女性たちも喜ぶのである。

そのため、もめごとや諍いごとで仲違いしている者同士でも「シェケル・バイラムなのだから、水に流そう」と、お互いに抱擁しあい挨拶をかわす。だから、バイラムというのは仲直りの絶好の機会なのだ。このようにトルコの社会にとって、バイラムは単に宗教的な風習であるだけではなく、家族や親戚、知人などの紐帯を強化し、その価値を再確認する大切な機会となるのである。

動物を屠る「犠牲祭」クルバン・バイラム

さて、もう一つのイスラムの祝祭である「クルバン・バイラム」について続けて書いておきたい。クルバンは日本語で「犠牲」という意味なので、日本では「犠牲祭」と訳されている。断食月がイスラム暦の第九番目の月に当たるのに対し、クルバン・バイラムは、第十二番目の月の十日目から四日間行なわれる。

神に捧げるために、ヤギや羊などの四つ足の動物を屠るのが習わしである。だから、クルバン・バイラムの前には、どの都市や地方でも、生きた羊やヤギを売る市場が開かれる。道路を走っている前方車の後部座席にスカーフを被ったお婆さんが横を向いて座っていると思っていたら、実はよくみるとヤギだったのでびっくりしたことがあった。クルバン・バイラム用に購入したヤギを家に運んでいるところだったのだろう。

基本的には、一家族に羊やヤギを一頭買って屠るのだけれど、牛などの大きな動物の場合は、知り合いや親戚が寄り合って一頭を買う場合もある。日本の大学に留学していた友人は、自分の名のもとで屠ってもらうために実家にお金を送っていたと話した。金銭的余裕がない場合は、あえて屠る必要はないともされている。また、余裕がある家庭であっても、動物を屠る代わりに、それに相当する金銭をモスクや慈善団体などに寄付してもよい。

「屠る」ということは、動物を殺すことである。その際、祈りの言葉を唱え、動物を苦しませないように一気に頸動脈を切り、すばやく正確に解体する。この解体の作業は、クルバン・バイラムの初日に行なわれる。かつては、自由にどこでも羊やヤギを屠ることができたので、街の広場や道路などいたるところに血が流れた。しかし、今日では、この作業は、指定された場所でのみすることが義務付けられている。動物を屠るのは原則的にはその家庭の家長の役目であるが、ときに知人や親戚から頼まれて他家の分を含めて何頭も解体することがある。現在では、専門の業者に頼んで解体してもらう家庭も増えた。

羊を屠る現場に立ち会う

クルバン・バイラムの時期、一人では寂しいだろうと、友人の女性が実家への帰省に誘ってくれた。そして、私は、彼女の実家で初めて羊を屠る現場に立ち会うことになった。緊張している私に、彼女は「子どもの頃はクルバン・バイラムに、お父さんたちの手伝いをして、羊の角を抑える役をしたのよ。でも、兄はそれを見るのが怖いと絶対に家から出てこなかったわ」とちょっと自慢げに語った。それは、子ども時代を懐かしがっているようでもあった。

彼女は、先立って私に羊を屠る手順を教えてくれた。「まず、羊の頭をなでながらお祈りを唱えるのよ。そうすると、羊は落ち着いてきて、切られても痛くないの」と語った。

実際、私もその光景を後で目にすることになった。彼女の両親は、低層のいわゆるマンションに住んでおり、そこには専用のスイミングプールがあった。そのころはまだ屠る場所の規制がなく、そのプールの傍にあるコンクリート床の上で羊やヤギを屠る儀式が行なわれた。

まず、数人の男たちが後退りする羊を引っ張ってきた。暴れないように押さえられた羊の頭に、彼女の父親が手を置き、さすりながら祈りを唱えた。そして、男たちが数人がかりで羊の脚と頭を押さえ、彼女の父親が一気にその首を切った。羊は断末魔の叫び声をあ

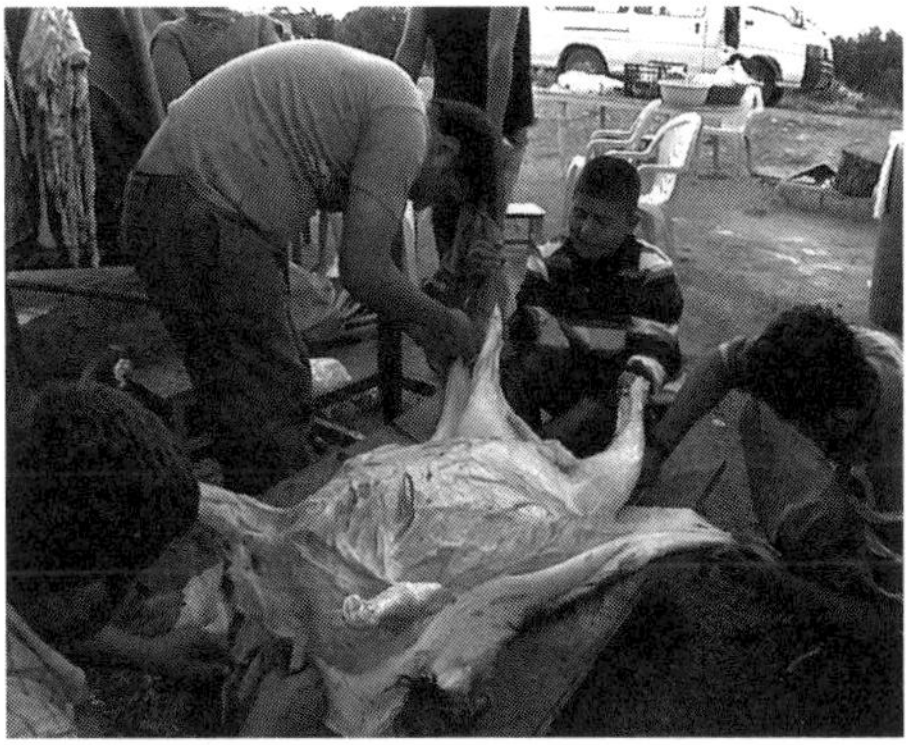

4-3　神に捧げるために屠られる羊

げた。先入観のせいかもしれないが、私には、やはり苦しそうに見えた。その次のヤギは、最初、後ずさりした。しかし、観念したのか、おとなしく静かに屠られていった。

首を切った後の血抜きが終わると、一気に解体作業にはいる。見事な手さばきだ。解体された肉は、家に持ち帰って部位ごとに分けられる。そして、この肉を家族や親戚や友人たちとともにありがたく食する。そして、さらに知り合いや貧しい人々に配るのである。イスタンブル在住のころ、勉強が忙しくクルバン・バイラムを一人自室で過ごしたことがあった。その時、同じアパートで暮らす一家族から牛肉をもらった。固まりの牛肉は、私にはご馳走だったので、大変ありがたく、嬉しかったことを覚えている。

クルバン・バイラムの食卓風景

これらの羊やヤギの肉は、マンガルと呼ばれるトルコ式のバーベキューとして、シシケバブの串焼きにされることが多い。シシケバブにするときには、脂の少ない部位を使うので、しっぽの脂といっしょに焼く。羊のしっぽが脂の塊だということを、それまで私は知らなかった。羊のしっぽの脂身は、プルプルした塊である。その脂身を肉と同じ大きさに切り、串を通す際に、肉の間に挟んで刺していく。この串を焼くと、溶け出した脂分が肉全体に絡まり、おいしくなるのである。しかし、この脂は全部溶けてしまわず、焼いた後も残る。ラヴァッシュというちょうどメキシコ料理のトルティーヤに似た薄いパンで、串焼きされた肉や脂をサラダやイタリアンパセリと一緒に包んで食べることもする。これもめっぽうおいしい。

このときのサラダは、普通、タマネギのスライスにスマックという赤紫蘇に似たスパイスをからめた、少々酸っぱいサラダだ。バーベキューのサラダというと、いこったばかりの荒い炭火で焼いたナスを、皮を剥いて適当な大きさに切り、キュウリ、トマト、タマネギのみじん切りと合わせたサラダもよく作られる。「焼きナスには生姜醤油以外にない」と思い込んでいる私たちからは想像もできないほど、トルコには焼きナスを使った料理がたくさんある。

二〇一七年の九月、調査でトルコに滞在している期間にクルバン・バイラムがやってきた。親しくしている大学教授夫妻が、妻方の弟の家でクルバン・バイラム初日のお祝いのブランチをいっしょに食べようと誘ってくれた。その時の食事を紹介しておきたい。

トルコの朝食として定番のチーズやオリーブ、トマト、キュウリなどがそのときの食卓にあがっていた。それに加えて、フライドポテト、シガラ・ボレイ（小麦で作った薄皮にチーズを巻いて揚げたもの）、パプリカにチーズを詰めたもの、そして家で作ったピーナッツバターなどの特別な料理が、テーブルいっぱいに並んでいた。中には、その日の朝、はるかマルマラ海沿岸の街まで行って屠ってきた羊肉の料理もあった。さすがバイラムのブランチだった。

ブランチの後にも、トルココーヒーや果物が出て、さらに満腹になった。そこで、腹ごなしのため女性たちは、近くのショッピングセンターまで外出したが、そこでもまた、カフェに入り、ケーキを食べた。

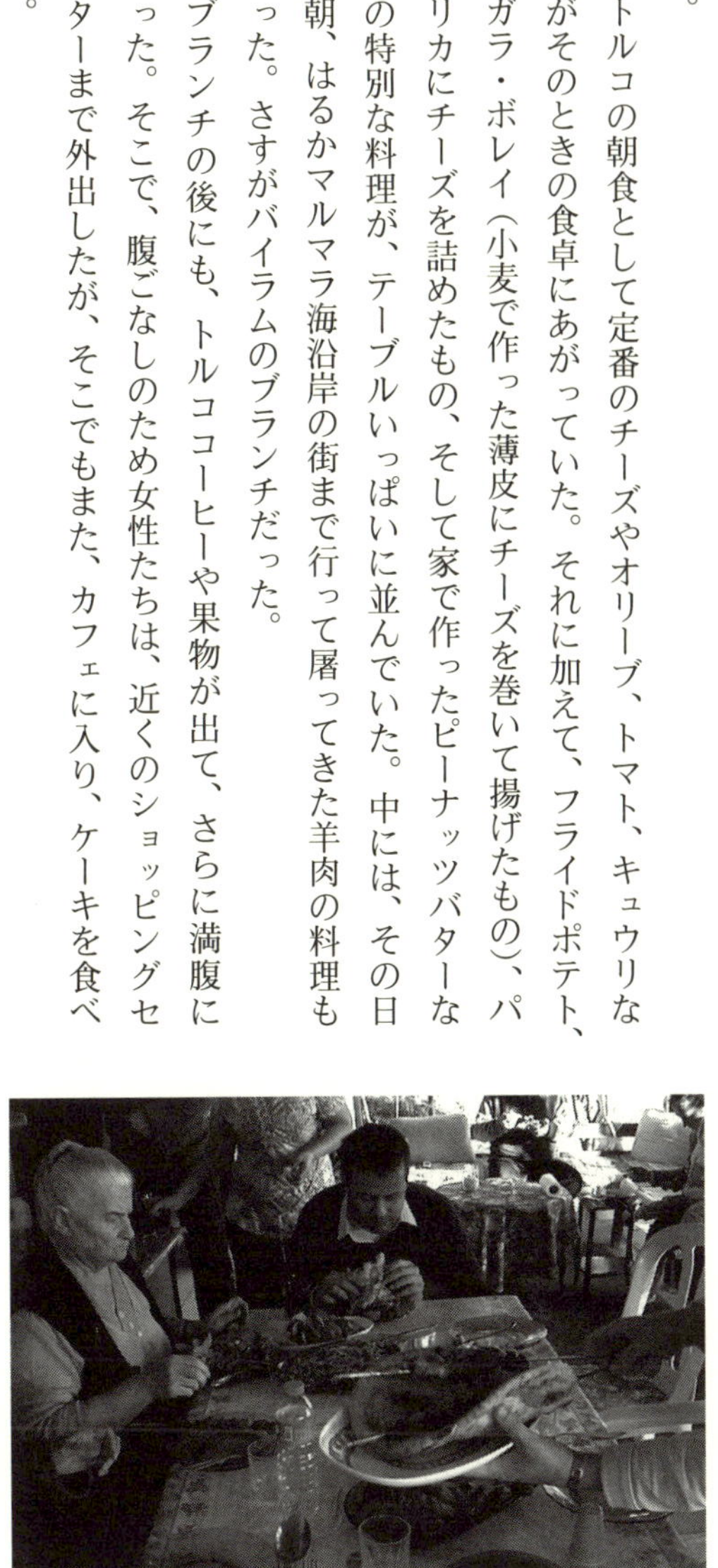

4-4　クルバン・バイラムの食卓を囲む家族

時刻も夕方になったので、さてそろそろ「おいとまを」と思っていたら、夕食を用意していると言われた。「もう帰る」「まだ、いいじゃない。食べて帰って」と押し問答が始まり、「晩ご飯も食べないと、帰さないわよ」と、言われ、ついに根負けし、夕食をいただくことになった。

夕食のテーブルには、数々の料理がぎっしりと並べられた。最初に、トマトスープを飲んだ。トルコのトマトスープは、小麦粉でとろみがついており、その上、とろとろに溶けたチーズもかかっている。もう、それだけで満腹。しかし、さらに、白インゲン豆の冷製や、ピーマンの冷製ドルマ（ピーマンにスパイスで味付けした米などを詰めた料理）、イチリ・キョフテ（ブルグルという挽き割り小麦を小麦粉と合わせて練りあげ、その生地の中にスパイスで味付けをしたミンチを詰めて茹でたり揚げたりする料理）など、手間のかかった料理が並んだ。これらは前日から準備されたものだった。

そして、さらに最後の一皿が運ばれてきた。羊のレバーを薄切りにしたソテーだった。クルバン・バイラムで屠られた動物は、有り難くいただかなければならない。「こんな新鮮なレバーは、食べられないから、たくさん召し上がれ」と言われた。私には、その臭いのために一切れを完食することさえ辛かったが、食卓を囲むトルコの友人たちは、「お腹がいっぱいのはずなのに、おいしいから、いくらでも食べられるね」と、大いにおかわりをしたのだった。

このように、シェケル・バイラムもクルバン・バイラムも、家族や親戚、親しい人たちとテーブルを囲み、信じられないほどたくさんの料理を食べ尽くして祝う大切な日なのである。

女性たちの負担

クルバン・バイラムでも、シェケル・バイラムと同じように、親戚や知人の家に挨拶に行ったり、来たりする。しかし、クルバン・バイラムでは、それだけではすまない。屠って解体された肉の処理をしなければならないからだ。盛大に肉を配ったり、バーベキューにしたりしても、丸一頭を数日で食べきることは到底できない。そのため、肉は、部位ごとに、用途に合わせて下処理を済ませた後、冷凍して保存することも行なわれる。

ただでさえ、バイラムの食事の準備に費やされる女性たちの労力は並大抵のものではない。その上、この肉の処理が加わる。女性たちの負担は、相当なものである。そして、トルコの男たちは、動物を屠るところまでが自分たちの役目だと思っているためか、手伝わない場合が多い。

先程の友人の母親が「肉の後始末は面倒で大変だから、クルバン・バイラムは実は好きじゃないのよ」と、そっと私にこぼしたことがあった。「動物を殺すのは、どうしても苦手なのよ」とつぶやく女性の声を聞いたこともある。

クルバン・バイラムは、イスラム教徒にとって重要な祝祭であり、その大切さは理解していても、屠った後の肉の処理を実際に担わされる女性たちの負担はけっして小さくない。イスラム教徒でない外国人の私にだから心を開いて、彼女たちは、その負担感をそっと口にすることができたのかもしれない。

そういえば、トルコの大学で教えているときに、ロシア語担当の外国人教員が「動物を殺さないで、どうしてパンやケーキを焼いて持っていかないの」と疑問の声を発したことがあった。まるで、かつてのどこかの国の王妃のような物言いではあったが、私も、「魚や鶏だとなぜだめなのだろうか」と、内心思わないでもなかった。そこで、この素朴な疑問を投げると、トルコの男たちは、女たちの負担感を知ってか知らずか「自分の息子の代わりに羊を捧げたという伝承がクルバン・バイラムの起源となっている。だから、捧げる動物は、羊、ヤギ、牛、ラクダなどに決まっているのだ」と答えるのだった。

そして、クルバン・バイラムの最後の日は雨になり、動物が流した血を洗い流してくれるのだと教えてくれた。ただ、その雨は、働き続けた女たちの額の汗も洗い流しているのかもしれない。

＊コラム４＊　羊の生肉を使った料理

基本的に生肉を食べる習慣のないトルコだが、めずらしく生肉を使った料理がある。チー・キョフテという料理だ。チーというのはトルコ語で「生」という意味で、これには、羊の生肉が入っている。脂身のない羊肉を何度も挽いて細かくしたものにブルグルという挽き割り小麦を加えて手で練り、もみ込んでいく。これにトマトやパプリカのペースト、スパイスなどを加えたものを手のひらで握って団子にする。指で握るので、人差し指から小指までの型がついているのが特徴だ。それにレモンを絞り、マルール（日本ではロメインレタスとして知られている）で包んで食べる。生肉が入っているからと敬遠する人もいるが、辛いスパイスが入っているため、実際に口にしてみると生肉を感じさせない。

この料理では、ブルグルと生肉をもみ込む作業がたいへんな力仕事だ。だから、「額から落ちた汗でいい塩加減になる」とも「力の強い男性が作ると美味しい」とも言われる。

日本では馴染みのない羊料理には、茹でた羊の脳みそのサラダがある。これもレモンとオリーブオイルをかけて食べる。羊の脳みそは、日本ではお馴染みのフグやタラの白子に似ている。口に含むと、舌の上でまったりと溶けていき、これがトルコの国民酒といわれるラクによく合うと言われる。私としては、白ワインか日本酒がほしくなる一品である。イスラム教徒としての規範に忠実な人たちは、この料理を前菜としてだが、もちろんお酒抜きで美味しそうに食べる。

第5章　帝国は滅ぶともスイーツは滅びず

現代に生きる名菓たち

アイヴァ（マルメロ）の砂糖煮。トルコ人は男性も女性も甘いものが大好き。レシピ→186頁。

男も愛する、しびれるほど甘いお菓子

「甘い！　舌がしびれる……」

一九九六年九月、赴任先の大学に着いた日、教員食堂で初めてトルコのトゥルンバというお菓子を食べたときのことだった。苦みや辛みで舌がしびれることはあるが、甘くても舌がしびれるのかと、その強烈な甘さに驚いた記憶がある。

トゥルンバは、小麦を練ったタネを油で揚げてシロップ漬けにしたお菓子で、トルコではどこでも見かけるありふれたお菓子である。フォークで刺すと、中からじゅわっとシロップが流れ出す。当時の私にとって、濃いコーヒーがなければ、到底完食できるものではなかった。その場にいた学科アシスタントの若いトルコ人男性が私の反応を見て、にやっと笑いながら「そのうちに慣れて、食べたくなりますよ」と言った。「うそだ。この甘さに慣れるなんて、そんなことはありえない」と、心の中で思った。

ところが、トルコ生活に慣れてくるにつれて、だんだんとこの種のお菓子に馴染んでいった。とくに油がたっぷり入ったトルコ料理の後では、デザートに甘いお菓子を食べないと、食事が終わった気がしなくなった。それればかりか、なんと自分で買って食べるようになってしまったのである。

他にも、トゥルンバと同類の小麦粉を使ったお菓子に、バクラヴァがある。パイのように層に

なっていて、中にナッツが入っている。もちろん、これも甘いシロップにたっぷりと浸かっていて、バターもどっさりと入っている。一口分のカロリーを見るのさえ怖い。ダイエットの大敵である。

トルコ在住中、バクラヴァ屋で、苦みばしった大男が一人、飲み物なしで、このとてつもなく甘いお菓子をおいしそうにパクついている光景を何度も目の当たりにしたことがある。トルコでは、男性も甘い物が大好きだ。日本では、今はそれほどでもないが、かつて男性が甘い物を躊躇なく食べることが忌避されるジェンダーカルチャーがあった。しかし、トルコでは、そもそも、日本でよく使われる「辛党」や「甘党」に相当することばがない。男も女も、甘い物が大好きなのだ。

甘いお菓子はアラブ起源

しかし、歴史的にみると、中央アジアに起源を持つと言われるトゥルク人は、イスラム教を受け入れる以前、甘い物を食べなかったそうである。食べなかっただけではなく男子たる者が甘いものを食べるのは恥と思われていたし、それればかりか、甘いものを勧めること自体が、相手の男性を侮辱する行為とみなされていたという。それが、イスラム教とともに入ってきたアラブ文化の影響で、甘い物も好んで食べるようになった。

今日、トルコでよく食べられるお菓子は、その起源に基づいてアラブ由来の小麦粉で作られたシロップ漬けの菓子、中央アジア遊牧民起源の牛乳で作られた甘さ控えめの菓子、そしてヨーロッパからもたらされたケーキ類に、大雑把に分類できるという。ただ、そうはいっても、実際、今日のトルコで食べられているお菓子の多くは、これらの特徴が混じり合い、単純にその起源で分類することは難しい。

たとえば、アラブ起源の甘いお菓子といっても、オスマン帝国時代にスルタンや市民たちの嗜好にあわせて、すこしずつ歴史的に改変をとげてきた。バクラヴァ一つとってみても、現在では、ピスタチオが入ったものがもっとも高価で贈答などに使われるが、オスマン帝国時代では、バクラヴァに使われるナッツはもっぱらクルミだったといわれる。さらに、オスマン帝国時代には、ナッツが入っていないものさえあった。

甘いお菓子の代表バクラヴァ

この章では、あまり起源や分類にこだわらず、これらトルコのお菓子の中から、トルコの菓子文化を語る上で私が重要だと思う、バクラヴァ、ヘルヴァ、ロクムの三種類を取り上げ、考えてみることにしたい。

さて、最初に取り上げるのは、バクラヴァである。バクラヴァの最古の記録は、一四七三年、メフメット二世の時代に遡る。そして、十五世紀には、断食月のラマザン十五日目にトプカプ宮殿では、厨房で作られたバクラヴァを銀のお盆にのせて、スルタンからのプレゼントとしてイェニチェリ（歩兵軍団）に振る舞われる「バクラヴァセレモニー」という名前の儀式があったといわれる。

このバクラヴァは、現在でもトルコ各地で食べられている。一見、パイ生地のようだが、生地にバターを練り込んで層にして焼き上げる日本でもおなじみのパイ生地とは、作り方が違う。バクラヴァの生地は、小麦粉で作ったユフカと呼ばれる薄い皮を一枚ずつ重ねて作る。一枚のユフカを作るには、小麦粉に卵と水と油を入れ練った生地に、スターチを振りかけ、細長い棒で薄く延ばす。トルコ語では、ユフカを作ることを「ユフカを開く」と言う。そして、このユフカは、生地が透けるほど薄く延ばすのがおいしくする秘訣だ。よいユフカはトルコ語で「紙巻きタバコの紙のよう」だと表現され、実際「ユフカを透かしても新聞が読める」のがよいとされている。まさに職人の腕が試されるのだ。

職人技といえば、このユフカをつくる工程では、生地がくっつかないようにスターチをふりかけるのだが、手早く薄く延ばさないと、スターチのせいで、あっという間に生地が乾燥し破れてしまう。昔は、料理人を雇う時、主人は、先ずピラフとバクラヴァを作らせ、バクラヴァを焼く金属の器の寸法に、ユフカが正確におさまるように延ばすことができるか、さらに、どれだけ薄く伸ばすことができるかで腕を試したそうだ。昔のイスタンブルの裕福なお屋敷では、職人は、一つのバクラヴァに最低でも百枚のユフカを重ねるよう求められたという。気の遠くなる作業だ。

この他、シロップ漬けの甘いお菓子には、代表的なものとして、カダイフやキュネフェがある。カダイフは、小麦粉で作った素麺状のタネを円形の広い型に敷き詰めて、バターをかけて焼き、それをシロップに漬けたお菓子。また、キュネフェは、カダイフの間に塩気のないチーズを挟んだお菓子である。「甘いお菓子にチーズ!?」と思われるかもしれないが、妙に甘さとチーズがマッチしていて、私の好物の一つだ。ただし、甘いシロップに浸かっているため、ト

5-1　進物用のバクラヴァを箱詰めする菓子店主

ルコで生活していた頃は、注文するときはいつも「シロップは少なめでお願いします」と頼むことにしていた。ところが、数年前、同じように「シロップは少なめで」と注文したところ、「シロップは別の容器に入れてお持ちしますので、ご自分でおかけください」と言われ、大変驚いたことがある。

トルコでも、シロップ漬けのお菓子を甘すぎると感じる人たちが出現してきたのだろうか。それとも、欧米人のようにダイエットを気にする人が増えてきたのだろうか。いずれにせよ、自分で甘さを加減できるセルフサービスのシロップは、私にはとても有り難かったものの、トルコ人のお菓子に対する嗜好にも変化の兆しがあることを感じずにはおれなかった。

トルコ人の生活文化に欠かせない唯一無二のヘルヴァ

次に、シロップ漬けではないが小麦粉系のお菓子の中で、トルコの生活文化にとって欠かせないものに「ヘルヴァ」がある。

ヘルヴァには、小麦粉やスターチ、セモリナ粉などの粉類に油と砂糖を加え加熱しながら練り上げるタイプと、胡麻ペーストで作られる、タヒン・ヘルヴァスと呼ばれるタイプの二種類がある。この後者のヘルヴァは、ロシア語通訳でエッセイストだった故米原万里氏が幼少の頃に食べて、その味が忘れられず探し求めていたと言ういわく付きのお菓子だ。彼女のエッセーを読んで両者を混同した友人から、「ぜひ食べたいので買ってきて」と懇願されたことがあるが、オスマン帝国時代からトルコ人の生活文化になじみ深いのは、前者のヘルヴァである。ここでは、そのヘルヴァについて紹介したい。

このヘルヴァというお菓子は、トルコのムスリムたちにとって、単なる甘いお菓子であるというだけでなく、多様な役割を担うお菓子としていろいろな場所に登場する。たとえば、日頃のおつきあいに欠かせない贈答用のお菓子として、また、アッラーに捧げるお供えとして、あるいは、葬儀の際にふるまわれる祭事食として、ヘルヴァはトルコの人々の生活文化にとって必要不可欠なお菓子なのである。

こんな使われ方もある。農村では、日照りが続く時、雨乞いの祈りをする風習がある。この祈りの後、特別に作られたヘルヴァを村人全員で食べたという記録が残されている。ここでは、いわば願掛け用のお菓子としてヘルヴァが食されている。

また、ヘルヴァは、祝い事に欠かせない象徴的なお菓子として使われることもある。たとえば春になると羊飼いの人たちは、冬の間にしっかりとのびた羊の毛の刈り込み作業を行なう。その作業が終った後、お祝いに、ヘルヴァが振る舞われる。

また、訴訟や紛争、感情的な対立などがある人々や集団同士が和解するとき、関係者全員が一堂に会してヘルヴァを食べる儀礼が執り行なわれる。ここで食べられるヘルヴァは、和解が成立したことの証であるとともに、その祝いとしての意味を与えられる。長い間、諍いを続けてきた人々がその確執を乗り越え、和解に至ったことを喜び、一つの大きな盆に盛り上げられたヘルヴァを囲み、思い思いに共食することで、過去のしこりやわだかまりが解消されたことを喜び合うので

5-2　16世紀、細密画に描かれたヘルヴァ作り（部分）

ある。

それだけではない。ヘルヴァは、新居の完成を祝ったり、メッカ巡礼への旅立ちを祝い、また、巡礼からの無事の帰還を祝ったりするとき、親戚や近隣の人たちに振る舞われる。

他にも、出産、入学、卒業、割礼、兵役、婚約、結婚、死、命日などの人生の節目節目の慶弔時に、アッラーへの感謝と祈りをこめて、食される。

オスマン帝国時代には、ヘルヴァの種類は大変多かった。その理由は、スルタンが新しく即位すると、ヘルヴァジと呼ばれる菓子職人は、そのスルタンだけのために新しいヘルヴァを考案し創ったからだ。歴代三十六人ものオスマン帝国のスルタンのために作られたヘルヴァの数は、いかほどであったことか……。近代に入ってヨーロッパスタイルのデザートが入ってくることにより、お菓子も変容していくが、ヘルヴァはその後もトルコにおけるお菓子の中心の地位を保ち続け、現在に至っている。

死の儀礼にかかわるヘルヴァ

興味深いことに、オスマン帝国時代には、新しくスルタンが即位したときのような慶事には、ヘルヴァが振る舞われることはあったが、弔事で振る舞われることはなかった。しかし、今日のトルコでヘルヴァが登場するのは、人生のもっとも悲しい節目、つまり弔事に際してである。

トルコの人々は、甘いヘルヴァを食べることで、悲しみや苦しい日々の辛さが、軽くなるようにと願い、アッラーに祈るためにヘルヴァを作り、お葬式の後や命日に食べる。トルコ語には「Tatlı yiyelim, tatlı konuşalım（タトル　イエリム　タトル　コヌシャルム：直訳は甘い物を食べて、甘く話そう）」という表現がある。つまり、「甘い物を食べれば、言葉も甘くなる」ということだ。人生の苦痛を癒すために、そして、愛する家族の死や命日に故人を偲ぶために、ヘルヴァの甘さが必要なのだろう。

昔のイスタンブルでは、誰かが亡くなると、近隣に住む人たちが、喪に服している家族のために、三日間、食事を作って運んだ。スープや肉料理、ピラフなどを近隣の人たち総出で作り、季節の果物と一緒に持って行った。このように喪中の家族の悲しみを地域全体で分かち合うことで、地域社会の紐帯も強まった。

そして、そのお返しに、亡くなった家族やその親戚たちが、お葬式の日の夜には、松の実入りのイルミック・ヘルヴァスと呼ばれるセモリナ粉を使ったヘルヴァを作り、近隣の人たちに振舞った。近隣の人たちは、亡くなった故人への祈りとともに、このヘルヴァを受け取るのである。

この風習は、多くの地域でまだ失われていない。小麦粉やセモリナ粉に砂糖とバターなどの油を入れて練る単純な（三十分も練るので時間はかかるが）ヘルヴァは、単なるお菓子ではない。トルコでは、いろいろな意味が込められた大切な食べ物なのだ。悲しみや喜びといったいろいろな理由で、人生の最初から最後まであらゆる場面で、親戚や友人とともに食べることで、その悲しみや喜びを分かち合うことができるお菓子はヘルヴァだけだといっても言い過ぎではない

私も、イスタンブル滞在中、ご近所から、時々、ヘルヴァのお裾分けを頂いた。今思えば、どんな出来事があったのかを聞いて、それが弔事であったのなら、なおさら、慰めの言葉をかければよかったと悔やまれる。

サロンとしてのヘルヴァ・ソフベティ

オスマン帝国時代、このヘルヴァというお菓子にまつわる風俗は、文芸や文学など文献にも登場した。その一つが「ヘルヴァ・ソフベティ（helva sohbeti）」である。そのまま訳すと「ヘルヴァのおしゃべり」だが、その意味するところは、ヘルヴァを食べながら語り合う場のことである。ただし、イスラム教の規範の下にあったオスマン時代であるから、この集まりに参加できたのは、当然、すべてが男性であった。つまり、いわば女性抜きのサロンのような社交の場だったといってよい。

その最たるものは、オスマン帝国のスルタンがましますトプカプ宮殿のヘルヴァ・ソフベティであった。トプカプ宮殿のヘルヴァ・ソフベティに集まる高貴な人々のためにヘルヴァを供給する給仕部門は「ヘルヴァハネ」と呼ばれた。ヘルヴァという言葉から派生した「ヘルヴァハネ」は、オスマン時代、トプカプ宮殿で、ヘルヴァだけでなくデザート全般を作る役割を担っていた。そこでは、お菓子だけでなく、ジャムや漬け物も作られた。

オスマン帝国時代の、華美な文化がもてはやされた十八世紀前半（一七一八〜一七三〇年、この時代をトルコでは、とくにチューリップ時代と呼ぶ）、このヘルヴァ・ソフベティは、大変ポピュラーであった。その時代の皇帝、アフメッド三世は、文人や詩人、学者や知識人たちを招き、頻繁にヘルヴァ・ソフベティを開いた。このヘルヴァ・ソフベティは著名な詩人が詩に書き残すほど華やかだった。そこでは、楽しい余興が伴うこともあり、先の章でも取り上げたメッダー（meddah、独り語りの芸人）たちが活躍した。

この時代の、詩や音楽を伴うヘルヴァ・ソフベティは、供応される豪華な食事や豪華な食器、その周りを彩る贅をこらした調度をとおして、自らの富を顕示し、その多寡を競うことに執着するセレブたちにとって絶好の機会となった。これが、オスマン帝国時代の数百年の間に、宮廷から裕福な商工業者や知識人たちにも広がり、彼らの憩いの場となっていった。そこでは、ただおしゃべりするだけではなく、洗練された高尚な話題が好んで話されたといわれる。

また、ヘルヴァ・ソフベティは、イスラム教の同じ教団に所属する信徒たちが催すこともあった。そのような場合は、ヘルヴァを食べるとともにお祈りもするという半ば宗教的な形式をとることもあったといわれる。

説話や文芸に登場するヘルヴァ・ソフベティ

このヘルヴァ・ソフベティは、先述したように民間説話や文芸の世界にも登場する。トルコには、日本の「一休さん」と比類される「ナスレッディン・ホジャ」という、頓知に長けたイスラム導師の小咄がある。その話の中にも、ヘルヴァが取り上げられている。たとえば、次のような話がある。

「お前の小麦、お前の油、お前の砂糖があるなら、ヘルヴァを作って食べよ」

（原題「Unun var, yağın var, şekerin var, helva yapıp yesene」、翻訳は筆者による）

お金のないある日、ヘルヴァがとても食べたくなったホジャは、食料品店に行くと、こう言った。

「小麦粉はあるかい?」

「はい、ありますよ。」

「油はあるかい?」

「はい、ありますよ。」

「砂糖もあるのかい?」

「それも、ありますよ。」

それを聞くと、すかさずホジャはこう言った。

「おい、お前。それなら、どうしてヘルヴァを作ってわしといっしょに食べないんじゃ。」

(ナスレッディン・ホジャの小噺集については、トルコでは実にたくさんの書籍が出版されている。日本語で読める比較的新しい翻訳書には、児島満子、児島和男訳『ホジャの笑い話(一)トルコの民話』れんが書房新社、一九九七年などがある。)


ヘルヴァは、オスマン帝国時代、スルタンから知識人たち、さらに、市井の庶民の間で好んで食されていたのである。

また、皇帝のヘルヴァ・ソフベティでは、メッダーと呼ばれる芸人たちが話芸を供したと先に書いたが、このメッダーとその話芸は、落語が江戸時代に広まったように、オスマン帝国時代に花開いた。宮殿に呼ばれたメッダーたちは、ちょうど日本の戦国時代の大名たちのそばに御伽衆がはべっていたように、オスマン帝国皇帝の話し相手でもあった。日本の古典落語が江戸文化を反映しているように、トルコのメッダー噺には、オスマン時代の文化が生き生きと描写されている。このメッダー噺（meddah hikâyeleri）にも、ヘルヴァやヘルヴァ・ソフベティが登場する。

メッダー噺『見たか？　このブチュックを』（抄）

（原題「Gördün mu Şu Buçuğu?」）

毎週木曜日の夜、ブチュックは主人ヒュダイのお供をして街に出ることになっていた。しかし、いつも決まった家の前にくると先に帰るように言われ、同時に、妻には、主人はヘルヴァ・ソフベティに行ったと伝えるように命じられた。このような日々が続いた。

ある日、主人ヒュダイの妻が泣いているので、それを見たブチュックは、どうして泣いているのか尋ねた。妻は、実は、夫がヘルヴァ・ソフベティではなく、情婦の家に通っているのを知っているのだと答えた。それを聞いて妻に同情したブチュックは、自分にお金を預けるよう求めた。妻が何に使うのかと問うと、ブチュックは、自分に任せてくれたら、主人はおとなしく戻り、その後は女の名前すら口にしなくなるようにしてみせる。そして、主人は元の鞘に収まるだろうと約束した。妻がブチュックに金を渡すと、ブチュックは、さっそくその金で、先端に小さな鈴のついた棍棒を細工師に作らせた。この棍棒で叩くとシャンシャンと音がした。

さて、主人のヒュダイが情婦の家に行った夜、ブチュッ

5-3　一人話芸の担い手メッダー

クはこっそりとその家に忍び込んだ。そして二人が深く眠っているのを見定め、持参した棍棒で二人を殴りつけた。棍棒を振り下ろすたびに辺りにはシャンシャンと鈴の音が鳴り響いた。暗闇で不審者に突然殴られた情婦はあまりのおそろしさに気絶してしまい、ヒュダイは動転して這々の体でそこから逃げ出した。こうして夫は家に戻り、妻はおおいに喜んだ。

　さて、歳月が経ち、ブチュックは主人ヒュダイの右腕となったそんなある日、主人のヒュダイとブチュックの乗っていた馬車が、昔ヘルヴァ・ソフベティに行くと言ってブチュックを帰した例の家の前に差しかかった。主人のヒュダイは、過去を懐かしく思い出して「昔、ここに通いしを……」と、過去の秘密を詩にして歌い始めた。傍にいたブチュックも、それに応えて節をつけた詩で返した。

「ご覧になられたか？　このブチュックを／殴られたか？　この小さき鈴の付きし棍棒で／今、その逃げ出したる家の前を通り過ぎぬ」と、あの夜、自分がしたことを告白した。

「あの夜のことは、お前がやったのか」と驚いて問いただした主人に、ブチュックは「ご主人様は家庭を忘れ、あばずれ女の虜になられました。私は、奥さまの涙に耐えられませんでした」と答えた。

　すると、主人のヒュダイは怒るどころか「よくぞやってくれた」と、自分の結婚生活を守ったブチュックを褒め、その額に感謝の接吻をしたのだった。

　この話では、「ヘルヴァ・ソフベティに行く」というのが、浮気している主人が情婦のもとに通う言い訳として、使われている。このことは、とりもなおさず、当時の裕福な市民たちにとって、ヘルヴァ・ソフベティに通うことがごくありふれた楽しみになっていたことを物語っている。ヘルヴァ・ソフベティで甘い菓子を食べながら、メッダー噺に興じ、詩の朗読や音楽を聞いたりすることが、小金を貯めた市民たちにとっての楽しみであり、また、教養の源になっていたのだろう。こうして、ヘルヴァは、文化や文芸に登場するオスマン時代を代表するシンボルとなったのである。

「ターキッシュ・デライト」の名でキリスト教世界を魅了したロクム

さて、最後に、トルコ菓子と文学といえば、『ナルニア国物語』（日本語訳は、瀬田貞二訳『ナルニア国ものがたり』全七巻、岩波少年文庫）に登場する有名なお菓子を紹介しないわけにはいかない。

C・S・ルイス原作の全七巻におよぶ長編ファンタジーである『ナルニア国物語』の第一巻にあたる『ライオンと魔女』の中にターキッシュ・デライトという名で知られている「ロクム」というお菓子が登場する。

このロクムは、家庭で作られたり、日常的に家庭で食べられる種類のお菓子ではないが、カフェでトルココーヒーを頼むといっしょに添えられてきたりする、高級感のあるお菓子の一つである。ロクムは、日本の求肥（ぎゅうひ）に似た食感を持つお菓子で、主な材料は砂糖、スターチと水である。これを練り上げて、平らに延ばし冷ましてから、

5-4　美しく盛りつけられたロクム（ターキッシュ・デライト）

賽の目に切り分け、粉砂糖をまぶして仕上げる。バラやレモン、ミントなどで香りづけしたものもある。その他には、ピスタチオやヘーゼルナッツが中に入ったものもあり、手土産などに好まれる。

しかし、このお菓子が特別の意味をもっているのは、トルコ社会においてではなく、むしろ、国外、それもヨーロッパのキリスト教世界においてであろう。十八世紀にイスタンブルを訪れたヨーロッパ人により、ロクムはターキッシュ・デライトという名でキリスト教世界に紹介された。

『ライオンと魔女』では、衣装ダンスの中を抜けて、ナルニアに迷い込んだペベンシー家の四兄弟姉妹のうち、ひねくれ者のエドマンドが白い魔女の誘惑に負けて、ナルニアの創造主であるライオンの姿をしたアスランを裏切ることになる。この白い魔女がエドマンドを誘惑するときに使う切り札としてのお菓子が、ターキッシュ・デライトなのだ。日本語に翻訳された『ナルニア国物語』では、日本で馴染みのない、このターキッシュ・デライトを、「プリン」と翻訳したため、日本人の読者たちには、残念ながら、このお菓子の特別な意味が知らされることはなかった。しかし、翻訳者の瀬田貞二氏は、訳者あとがきのなかで、このエドマンドを虜にしたお菓子がターキッシュ・デライトであることを記している。

なぜ、C・S・ルイスは、この物語の中で重要な役回りを担うお菓子にターキッシュ・デライトを配したのだろうか。それを考えるとき、トルコ、そして、その背後にどっかりと横たわるオスマン帝国が、宗教を異にするヨーロッパのキリスト教社会に対して、歴史的に築き上げてきた特別な意味を抜きにすることはできない。

ターキッシュ・デライト、直訳すると「トルコの享楽」とでもいえばよいか。イギリスの子どもたちが一口食べただけで、魔女の甘言と知りつつ、そのおいしさに心を奪われてしまうターキッシュ・デライト。甘美と邪悪とが同居する魅惑的なお菓子の象徴として、ロクムは、この子ども向けのキリスト教指南書のような物語の中で、特別な位置を占めたのである。

敬虔なクリスチャンであったルイスがこのロクムに託したメッセージとはなんだろうかと考えるのである。

イスラム教を国教とするオスマン帝国が隆盛を極め、その栄華を誇っていた時、その帝国の傍らにあって未だ発展途上にある、ひ弱なヨーロッパのキリスト教社会は、オスマンの隆盛と栄華にあこがれを持ちつつも、いつ侵略されるかしれない疑心と不安を併せ持っていた。このアンビバレンツこそ、ルイスがロクムに象徴させたかったことがらなのではないだろうか。

近代に入って、産業や科学技術の分野では、ヨーロッパの優位が明らかになったとはいえ、オスマン帝国の残照は、いまだヨーロッパのキリスト教徒の潜在意識に深く刻まれていたに違いない。ルイスにとって、「トルコの享楽」としてのロクムは、自分たちを魅了して止まない異教の誘惑そのものであり、まさにそのことによって、危険きわまりない存在だったのである。

しかし、ルイスは、魔女がそっとさしだす危険な罠であるはずのロクム、いやトルコの文化自体に実は深く魅了されていたのではないか。異教として表向きは退けるが、内面の深い部分で無意識にその価値を受け入れていたと思わざるをえないのである。というのも、ルイスが、その長い物語の中で、ナルニアの創造主であり、また、救世主でもあるライオンの名を「アスラン」としていることに、その最大の根拠をみるのである。とりもなおさず、アスランとは、トルコ語で、ライオンを指す一般名詞なのだから。ルイスは、彼のキリスト教徒としての信仰告白ともいえるようなファンタジーにおいて、創造主であり救世主でもあるライオンの名に、よりにもよってトルコ語を当てたのだ。

私は、このことを知って、今更ながら、ヨーロッパのキリスト教世界とオスマン帝国のイスラム教世界との間の愛憎の深さを思わずにはおれない。この複雑にねじれ合った愛憎関係の深さを、そこから遥か離れた極東の仏教徒が理解するのは、至難の業なのかもしれない。

＊コラム5＊　トルコ式デザート――アイスとマルメロ

私がトルコならではのデザートだと思うのは、バニラ・アイスクリームとアイヴァ・タトゥルス（マルメロの砂糖煮）だ。トルコのバニラ・アイスクリームには、生卵を使わず、主材料の乳製品と砂糖にチューインガムの原料にもなる粘りの強いサクズという材料を入れる。出来上がったアイスクリームは、その強い粘りのためナイフで切って食べるほどだ。この強い粘りが好まれてか、かつては珍しかったトルコのバニラ・アイスクリームも、今では、すっかり日本で有名になった。

一方、アイヴァとはマルメロ（「西洋花梨（かりん）」とも呼ばれる）のことである。香りの良いマルメロは、日本でも蜂蜜やお酒につけたり、アミダグリンという成分を咳止めとして利用したりするので知らない人はないだろう。しかし、生食することはまずない。生食した人は経験されただろうが、マルメロは水気がなく、顔が歪むほど渋い。ところが、トルコでは甘く煮てデザートにするだけではなく、生でも食べるのだ。もちろん、トルコのマルメロもすこぶる渋い。でもトルコの人々はそれを生食する。トルコ語には、「Ayvayı yemek＝アイヴァを食べる」という慣用句がある。この表現は「悪い状態になった」や「うまくいかない」という意味として使われるが、ようするに「渋さ」から生まれた表現なのだろう。最初は、閉口していた私も、トルコ生活が長くなるにつれて、次第にそのマルメロにも美味しさを感じるようになったから不思議である。

第6章　トルコ食文化の担い手たち

屋台の行商人から高級レストランのシェフまで

遠く中国に起源をもつとされる中央アナトリアの郷土料理、マントゥ。レシピ→182頁。

トルコ食文化をだれが担うのか

これまでの章では、主としてトルコ食文化を彩る食材や料理を取り上げてきたが、この章では、食文化の担い手たちに焦点をあてることにしたい。ここで、一言申し上げれば、もちろん、その地域の食文化を担う人々の大多数は、その文化の中で日々生活し、家族や仲間のために食事を作りつづけている一般家庭人だ。ここで、主婦と言わなかったのは、男女共同参画の進んだ社会では、家庭における調理の役割はかならずしもいつも女性が担っているとは限らないからだ。

ただ、トルコにおける一般家庭の食事情については、この章につづく最後の章で取り上げるので、本章では、とくに、家庭以外、とりわけ外食におけるトルコ料理の作り手や売り手について書き進めていこう。

B級グルメの筆頭、「鯖サンド」

さて、一口に外食といっても、スナックとして街角の屋台で売られている「鯖サンド」に代表されるようなB級グルメから富裕層が行く高級レストランで供される豪華料理まで、実にさまざまである。そこで、まずは、庶民の味方である街角で売られている数々のスナックについてみてみよう。トルコの街角では、どんなB級グルメが売られているのだろうか。

日本で手に入るトルコ旅行のガイドブックには、イスタンブルの街頭スナックとしてかならず

「鯖サンド」が紹介されている。「鯖サンド」は、その名の通り、エクメックとトルコ語で呼ばれるバタールのようなパンに、おろした半身の焼き鯖とスライスしたタマネギを挟んだサンドイッチだ。これにレモンを搾って食べる。魚にパンという組み合わせは、日本人は奇妙に思うかもしれないけれど、トルコではごく普通の組み合わせで、これがなかなかおいしい。

鯖だけではなく、溶き小麦粉のころもをつけて油で揚げたムール貝を挟んだサンドイッチもある。この貝のサンドイッチには、卵の入っていないトルコ式のタルタルソースがかかっていることが多いが、妙にパンと合う。焼き鯖やムール貝のサンドイッチは、イスタンブルの街角にある屋台で売っているが、なかでも金角湾にかかったガラタ橋付近で売られているものが有名である。

屋台で買って職場で食べる朝ごはん

トルコでは、家で朝ご飯を食べずに出勤し、通勤途中で買ったパン類を職場で食べることがある。出勤後、集まって、それぞれが買って来たスナックを談笑しながら一緒に食べる光景もよく見られる。

私も、勤務していた学校の教務担当として、朝一番に出勤し、校舎の鍵を開ける役目を仰せつかったとき、出勤途中、パン屋に立ち寄り、焼きたてのポアチャを買い、これを朝ごはんとして職場で食べた。このポアチャは、油脂の多い生地の中に白チーズや、ポテト、オリーブなどの具を詰めたものだ。私の場合は、さいわい通勤路にパン屋があったので、いつも同じ店でポアチャを買った。

通勤路にパン屋がなくても、朝の街角には、手押し車の上にポアチャの入ったガラスケースを乗せて売るポアチャ売りをよく見かけた。こういうポアチャ売りが売るポアチャは、パン屋で売られているものとは明らかに違い、素人くさい自家製のものが多かったように思う。しかし、値段はパン屋のより安かった。私の通勤路でも、そんなポアチャを売る初老の男性がいたが、私が彼のそばを通るときには、たいがいガラスケースには、もうほんの少ししかポアチャは残っていなかった。

朝の街角で売られる朝食用のスナックは、それだけではない。ガラスケースに、チーズ、ハム、ゆで卵、キュウリ、トマトなどの具を並べ、客の要望に応じて、オーダーメイドのサンドイッチを作って売る屋台もあった。

これら朝食用のポアチャやサンドイッチを売る屋台は、毎朝、同じ街角に店を出していたが、昼間に屋台を撤収し、私が帰宅するころには姿を消していた。これらの屋台は、いわばイスタンブルの朝の風物詩といってもよかった。

また、庶民の朝ごはんといえば、スィミットもポピュラーだ。このスィミットは、胡麻をまぶして焼き上げたリング状のパンだ。スィミットは、パン屋で買うこともできるが、街角の屋台や行商人からも買うことができる。このスィミット売りの歴史は古く、オスマン帝国時代から続いている。現在でも、街角だけではなく、パザールと呼ばれる市場などでも、商人や買物客の小腹を満たすスナックとして重宝されている。

私が授業にでる時には、指導教授が好きなスィミットを屋台で買っていき、授業の後、教授と一緒によく食べた。教授は、他の店のスィミットではなく、その屋台のスィミットが好きだったので、週に一度、私が買ってくるのを楽しみにしてくれていた。

二〇一八年の夏、アフリカでのフィールド調査で体調を崩した夫の静養のため、トルコの地中海地方にあるフェティエという都市にしばらく滞在した。この時、毎朝、スィミットを売り歩く行商人が、借りていた家の前を通った。この行商人は、百個を超えるスィミットを何段にも塔のように積み上げた盆を頭の上に乗せて、大きな売り声とともにやってきた。

行商の声が聞こえると、庭先に出て男を呼び止め、釣り銭のでないようにあらかじめ用意していた小銭を手わたす。すると、男はおもむろに、頭上のスィミットに客の手が届く程度に膝を折る。客は、盆上に積み上げられた一番上の段のスィミットから小銭の分だけ取る。客がスィミットを取ると、男は再び膝を立て、歩き始める。この間、男はスィミットの盆を頭から下ろすことはなかった。そしてその男は、午後になると、海水浴で小腹がすいた観光客のために、ビーチまで出張ってきた。

オスマン帝国時代の街角の物売りたち

オスマン帝国時代には、カフヴェハネ（詳しくは第3章を参照）で入れたトルコ式コーヒーを特別の容器に収めて街角まで運んで売る行商があった。カフヴェハネまで行くのは面倒だが、ちょっとコーヒーを飲みたいという人がこの行商のコーヒーを利用したという。客は、道端に立ったまましゃがんでコーヒーを飲んだ。しかし、カフヴェハネというのは、コーヒーを飲みに行くところではあるけれど、そもそもの実際の目的は、そこに集まってくる人たちとの語らいやゲーム

6-1　スィミットを頭に乗せた行商人（フィティエ）

などの娯楽だった。そのためか、行商人が街角で売る立ち飲みコーヒーは、しだいに廃れていったという。

今日でも、トルコではコーヒー売りの行商というのは聞いたことがない。私がトルコで暮らしていた間でも、一度も出逢ったことはなかった。一方、バザールなどに行くと、鼓形の透明なグラスになみなみと注がれたチャイ（トルコ式紅茶）をいくつも盆に乗せて雑踏をたくみにすり抜けていく売り子の姿をよく見かけた。スィミットなどを食べるとき、一緒に飲むのだろうか。私の印象では、一日のはじめに飲むのが習慣のトルコ式コーヒーとは違って、チャイは時間に関係なく日に何度も飲むので、やはりコーヒーよりも需要があるのだろう。

オスマン帝国時代、香辛料などを売っているエジプシャンバザールの前の広場には、行商人たちがひしめき合っていたといわれる。かれらが扱うのは、ボレキ（トルコ式パイ）、ポアチャ、ピラウ（日本で言うピラフ）、ムハッレビ（牛乳、砂糖、米粉で作られたお菓子）、バクラヴァ（詳しくは、デザートを扱う第5章を参照）、スープ、ココレッチ（焼いた羊の腸を刻んだもののサンドイッチ）、レモネード、アイラン（塩入りヨーグルト飲料）など、多種多様なスナック類だった。これら行商人が手頃な値段で売るスナック類は、せっかちな若者や忙しい商人の胃をすばやく満たす恰好の食べ物だったのだろう。

その時代、街角の露天や行商人からスナック類を買って食べるという行為は、お行儀のよい食事の方法とは思われていなかったようだ。とはいえ、商人たちの間では、時間をかけずにお腹を満たすことのできる軽食が、とりわけ昼食として好まれていた。他方、夕食は、家族と一緒に家で食べる本当の意味の食事として重視されていた。

街角の定番スナックたち

街角の屋台で年中売られているスナックに、ムール貝の貝殻の中に香辛料で味付けしたピラウを詰めた、ミディエドルマスがある。盆の上に山積みにされて売られる。私には食中毒が怖いように思えるけれど、暑い夏でも、たいがい男たちが数人立ったまま、このミディエドルマスをおいしそうに食べている姿をよく見かけた。食べ方は簡単だ。まず、ムール貝の殻を開くと、中にシナモンやオールスパイスで味付けされたピラウが詰められている。それにレモンをぎゅっと絞り、開いた方の貝殻をはずしてスプーン代わりに使いながらピラウをすくって食べる。ふつう一つでは足りない。客は必要な数だけ食べた後、その分のお金を払って、さっさと立ち去る。

同じく季節にかかわらず街角で売られているものに、チキンとひよこ豆と米のピラウがある。ガラスケースの中には、ご飯とひよこ豆がそれぞれ盛り上げられ、その上に、裂いたチキンの胸肉がぎっちりと並んでいる。注文すると、売り子は、まずひよこ豆とご飯の山からそれぞれ適量をすくい、混ぜ合わせて皿に盛った後、その上に、チキンの胸肉を乗せてくれる。豆と米を一緒に炊く日本の豆ご飯とは異なり、ひよこ豆と米は別々に調理され、販売時に混ぜ合わされる。その方が見栄えがいいのか、あるいは、「ほら、きちんと両方を混ぜてますぜ」と言いたいのか。なぜあらかじめ均一に混ぜ合わせておかないのかは、

6-2　街頭のトウモロコシ売り（イスタンブル、シシリー）

わからない。ただ、いえるのは、この炒めた米をチキンスープで炊いたピラウの味が、じつに優しいことである。このピラウは、露天以外にもピラウ専門店でも買うことができる。私も、仕事で疲れて夕食を作る余力のない時など、そんなピラウ店のチキンピラウをよく買って帰った。

街角でスナックを売る行商人たちは、イスタンブルに季節の到来を知らせてくれる存在でもある。夏には、屋台を押しながらキュウリを売る行商人がやってくる。注文すると、バナナのように皮をむいて縦に十文字に切れ込みをいれたキュウリを串に刺し、塩をふりかけて手渡してくれる。水分の多いトルコのキュウリは、夏の暑い時期の水分補給にもってこいだ。

また、同じく、夏には、トウモロコシ売りが登場する。かれらが売るトウモロコシは、日本のような甘くて柔らかいトウモロコシではなく、固くてがっしりしたトウモロコシを茹でるか、さらにそれを焼いたものである。粒がそろっていて一見おいしそうにみえるのだが、食べてみるとジューシーさはまるでなく、固くて歯に挟まる。しかし、夏の欠かせない風物詩だ。

冬になると焼き栗売りの屋台があちらこちらに登場する。このところ、冬でなくても時々見かけることがあるけれど、やはり焼き栗といえば冬の風物詩だ。時々、まだ芯の少し固い栗にあたるのは愛嬌というものである。

アルコールを含んでいても、「酒」ではないボザ

もう一つの冬の名物といえば、何といってもボザである。これは、キビなどの穀物を発酵させた、とろみのついた濃い飲み物である。だから、飲むというよりスプーンですくって食べるという表現の方が、私には感覚的にあっている。

ボザは発酵しているのでやや甘酸っぱく、シナモンとあわせて煎ったひよこ豆を上に振りかけると、実によく合う。ちなみに、ひよこ豆をボザにかけるのは、ボザに含まれる酸から胃を守るためでもあるそうだ。

ボザの歴史は古く、紀元前まで遡ることができる。ボザは、紀元前六千年から今日に至るまで、中央アジアやイラン、アラブの国々、ロシアの南、バルカン半島、東西ヨーロッパの国々で、飲み物やお酒として飲まれていたといわれる。

ボザ（boza）という言葉が初めて登場するのは、十一世紀に書かれた世界最古のトゥルク語辞典と言われるマフムード・アル・カシュガーリ著『ディワーン・ルガート・アッ・トゥルク』である。

時代は下って、オスマン帝国時代、ボザは、カフヴェハネが登場することで、その地位をコーヒーに取って代わられることになった。しかし、コーヒーが入ってくるまでは、どぶろくや甘酒に似たボザは、人々が愛した嗜好品の筆頭であった。

どぶろくや甘酒に似ていると言うからには、ボザには、当然、アルコールが入っていると思われることだろう。実際、ボザには、砂糖が加えられ、かつ発酵しているのだから、少しくはアルコールが入っているのである。その例に、後で紹介するトルコ人作家、オルハン・パムクの作品には、ボザをアルコール飲料（içki）と描写している箇所がある。歴史家であるステファノス・イェラシモスの『スルタンの台所』には「三〜四パーセントのアルコールが含まれているにもかかわらず、オスマン帝国の領土ではイスラム教徒たちに自由に売られていた」と記されている。あきらかにアルコールが含まれているにもかかわらず、ボザは酒には分類されなかった。誤解を恐れずに言えば、ボザは、イスラム教徒であるトルコ人が大っぴらに楽しめるほぼ唯一のアルコール飲料だったのである。

ノーベル賞作家も愛したボザ

オスマン帝国時代、皇帝メフメット二世統治下の宮廷台所仕入帳をみると、一四七一年五月二十六日に、ボザを作るための材料であるキビ類が約百十五キログラム購入されたという記録が残っている。また、同年六月十八日には、二壷のボザが仕入れられており、さらに、一四七三年十二月から一四七四年一月の間にも、ボザで満たされた五十一もの壷が購入されている。

ところが、このメフメット二世以後、つまり、一四八一年以降の宮廷台所仕入帳には、ボザやその材料の購入記録はまったく現れない。ということは、ボザは、それ以来、宮廷から追放されてしまったのかもしれない。

宮廷から消えたとはいえ、その後も、ボザは庶民の間で、冬の欠かせない名物として長く生き延びてきた。

私がイスタンブルで暮らしていたころ、冬の夜には、決まって「ボォーザァー」と哀愁を帯びた声を響かせてボザを売り歩く行商人（ボザジュ）が、私のような貧しい学生や一般庶民が暮らすごみごみした裏町にやってきた。そんな時、この物悲しげな売り声は、私に、寒い冬空に響く夜啼きラーメンのチャルメラの寂しげな響きを思い出させた。

ボザジュからボザを買うときは、マグカップを窓から出して、ボザを注いでもらった。値段は忘れてしまったが、たしかカップの大きさには関係なかったことを覚えている。現在のイスタンブルでは、一八六七年から続くヴェファ・ボザジュスという名の店のボザが有名だ。この店のボザは、ペットボトル飲料としてスーパーで買うこともできる。

ノーベル文学賞を受賞したトルコの作家、オルハン・パムクは、『僕の違和感』(原題*Kafamda Bir Tuhaflık*)という作品の主人公として、このボザジュを描いている。この作品では、イスタンブルの二十世紀後半から今世紀はじめまでの生活風景が、多様な人々の視線を借りてポリフォニックに描かれている。

内容を簡単に紹介しよう。父親の後を追い、十二歳でイスタンブルにやってきたメヴルトがこの作品の主人公である。彼は、学校に通いながら父親と同じようにヨーグルトとボザを売り歩く行商を始める。このメヴルトは、一目惚れし、恋文を書き続けた女性と駆け落ちしようと目論み、いとこの助力を得て、夜の暗闇に紛れて彼女を連れ出し、ついに駆け落ちを成功させる。しかし、灯火の下でその女性の顔を見た瞬間、彼は違和感を覚えた。というのも、彼女は意中の女性の姉だった。要するに、彼は意中の女性の姉あてに恋文を送り続けていたのだ。思わぬ女性と駆け落ちしたメヴルトだったが、しかし、結婚後は夫婦ともに力を合わせ、二人の娘をもうける。そして、この主人公は、アイスクリーム売りや軽食屋のマネージャー、ピラウ売り、駐車場の守衛など、昼間の仕事を転々とするのだが、しかし、夜のボザ売りの行商だけは終生の生業として続け、近代化を遂げつつ増殖を続け

6-3　ボザ専門店の店頭（イスタンブル、ベヤズィット）

るイスタンブルを生き抜いていくのである。

急激な都市化と生業としての行商

パムクの作品に登場するメヴルトのような地方出身者が都会に移り住むのは、一九五〇年代以降に急増した社会現象だった。これら都会に出て来た人々の多くは、違法のバラックを建て、とりあえずの住み処を得た。これは、第二次大戦後、急激に進展した都市への人口集中がもたらした世界共通の現象だった。ところで、パムクの作品にも登場するこのバラックをトルコ語ではゲジェコンドゥ（gece kondu）と呼ぶ。この語を分解すると、ゲジェは「夜」を、コンドゥは「置かれた」を意味する。パムク作品の訳者である宮下遼氏は、この語に「一夜建て」と絶妙な日本語訳を当てている。

話を戻そう。地方から都会に出て来た人々は、手っ取り早く始めることのできる露天商や行商人をとりあえずの仕事に選んだ。この露天商や行商人をトルコ語では、セイヤル・サトゥジュやアヤック・サトゥジュスと呼ぶ。セイヤルとは「移動式の」という意味だから、セイヤル・サトゥジュとは、「移動式の売り子」となる。また、アヤックとは「脚、歩行」という意味なので、アヤック・サトゥジュスとは、さしずめ、「歩く売り子」ということになろうか。

いずれにせよ、これら露天商や行商人が扱った食べ物は、先ほどのミディエドルマスや、サンドイッチ、スィミット、焼き栗、ピラウ、アイスクリーム、絞り立ての牛乳など実に多種多様だった。また、かれらが商う品々は、食べ物以外にも、アクセサリーや造花、携帯電話の付属品、保存容器、水道の蛇口、バラ売りのタバコなどに及んだ。

ところで、トルコでは、仮設であっても定位置に固定されたブースを開き、きちんと行政登録し税金を納めて商売をする商人はイシポルタジュと呼ばれ、街路を売り歩く行商人や露天商とは別のカテゴリーに分類される。イシポルタジュと比べて、行商人や露天商は、より一段下位の仕事とみなされるのである。しかし、都市に流入してきたばかりの人々にとって、これら行商や露天商は、その生活を支えるいわば大切なセーフティネットなのだろう。

一九八〇年代には、街頭で商売をする商人は、トルコ全土で約三百万人、イスタンブルには、五千人強いたといわれている。しかし、この五千人強の商人たちの中で、行政に登録し、納税をしているイシポルタジュは、千四百人にすぎなかった。

現在のイスタンブルでも、道路が渋滞すると、水、スィミット、花々、おもちゃ、携帯電話充電器などを売る行商人たちがどこからともなく車のそばに近づいてくる。花々は、約束の時間に遅れた男に苛立つ女性たちをなだめるプレゼントなのだろうか。おもちゃは、車中で退屈している子どもたちのためのものなのだろうか。これらの物売りたちは、渋滞する車線の間を縫うようにして種々雑多な品々を売り歩くのである。

私の住んでいたアパートの前の狭い街路にも、さまざまな行商人たちがやってきた。水道の蛇口売りは「ムスルックチューー！（蛇口屋）」、絞り立ての牛乳売りは「ターゼ・スュット！（新鮮な牛乳）」、トマト売りは「ドマテース（トマト）」などと売り声を響かせた。街路は行商人たちの売り声と遊びまわる子どもたちの嬌声が混じっていつも賑やかだった。日本では、行商人の売り声を聞くことは久しくなくなった。しかし、イスタンブルの街々は、今日も行商人たちの声で溢れている。

伸張するファストフード・ビジネス

とはいえ、トルコでも、ハンバーガーチェーンなどの企業化されたファストフード・ビジネスが急速に拡大しはじめている。近年、イスタンブルにも、外資系のファストフード店の進出が目立ってきており、そこで飲み食いすることや、買ったファストフードを手に持って歩きながら食べる行為が、若者を中心にして流行ってはいる。

しかし、それらの食品はまだまだ一般庶民にとって高価だ。日本の一九七〇年代、開業したばかりのマクドナルドのハンバーガーセットがうどん屋で食べる一杯のきつねうどんより高価だったように、例えば、ハンバーガーの値段は、トルコのB級グルメの筆頭で小麦の薄皮に羊の肉がたっぷりとくるまれたドゥルムの値段より高い。当初、珍しもの食べたさでマクドナルドに群れたトルコ人たちも、そのことに気づいて、急速にマクドナルドから離れてしまった。それに驚いたトルコのマクドナルドは、苦肉の策としてメニューにドゥルムを乗せるようになった。私がトルコで最初に暮らした地方都市では、新規開店したばかりのマクドナルドを珍しがって訪ねる客たちの大半が、ハンバーガーではなく最低価格のソフトクリームだけを注文し、店内に長居していたものだ。さすがに、今日、イスタンブルのような大都市では、マクドナルドはありふれた存在になった。しかし、マクドナルドのハンバーガーは、今でもトルコの一般庶民にとって割高な食べ物であることに変わりない。

トルコでは、まだまだ街角の行商人からおいしいものを安く買える。小腹を満たすにはそれで十分なのだ。だから、今後も、当分、今のような状態が続くのかもしれない。しかし、将来もこのまま街角の行商人たちは生き残ることができるのだろうか。

私が子どものころ、どこにでも見かけることができたわらび餅や焼き芋の行商人は、その後、街角から消え、それらのオヤツはスーパーマーケットで売られるようになった。町々から「いちば」がなくなり、個人営業の食堂が消え、大型のショッピングモールが林立し、ファミリーレストランが立ち並ぶようになった。

トルコも、高度成長期にある現在、各地に大型のモールが建設されている。どのモールにも、同じようなチェーン店が入り、小さな個人商店は見当たらない。パムクは、その作品の中で、かつて行商人が街々を売り歩いたヨーグルトが産業化とともに工場で生産されガラス瓶に入って売られるようになり、ヨーグルト売りやアイスクリーム売りの行商人たちが消えていったさまを描いている。華々しく経済発展する社会の中で、「道端で売られる食べ物は不潔で、工場で作られる食品が清潔である」という観念もまことしやかに広がっていく。しかし、それが貧しい人々からじわじわと生きる術を奪おうとしている状況を彼の文学は静かに告発している。

料理人修行の今昔 ── 徒弟奉公から学校教育へ

かつて、田舎に生まれ、よりよい生活を夢見て都会に出てくる若者たちは、都会でどんな仕事に就いたか。十分な教育機会に恵まれな

6-4　ファストフードのコーヒーを片手に颯爽と街を行く女性たち（イスタンブル、ベシュクタシュ）

かった若者の大半は、手っ取り早く、工事現場や工場で労働者として雇われるか、行商人として小商いをするかの道をたどることになった。そして、小金が溜まると、彼らは一国一城の主をめざし、トルコ語でドゥッキャンと呼ばれる「店（みせ）」を持ちたいと願った。

ロカンタと呼ばれる大衆食堂で皿洗いや給仕の仕事をしながら修行を積み、自分の店を構えることは、料理という分野を選んだそんな若者たちにとって、人生をかけて叶える夢といってもよかっただろう。

これらの若者たちは、日本の板前修行と同じように、師弟関係の階梯的秩序の中で料理の知識と技術を学んだ。これらの料理修行の階梯は、上から「ウスタ」「カルファ」そして「チュラク」という三つの段階に分かれていた。日本の落語家修行にたとえて、「真打ち」「二つ目」そして「前座」と言えばよいだろう。

しかし、近代化の波が押し寄せるとともに、かつて徒弟修業で育成されてきた料理人にも、制度化された学校教育が必要ということになった。いわゆる「学校化」による知と技の囲い込みがはじまったのだ。

一九八五年に、トルコで初めて、料理人を育成する職業高校が開校した。さらに、二〇〇五年以降は、高校レベルだけではなく、専門教育機関としての料理学校なども続々と開校されるようになった。また、近年は「ガストロノミー」、日本では「美食学」と呼ばれる新しい概念が入ってきたことによって、大学レベルでも、たとえば、私立大学では二〇〇三年からイェディテペ大学で、国立大学では二〇一〇年からネヴシェヒール大学で、「ガストロノミー・プログラム」が開設されるようになった。

その後、多くの国立大学や私立大学で、「キッチンアート学科」と冠する新学科が開設され、二〇一七年の時点で、三十八大学、五千七百六人の学生が、この料理に特化した新しい学科で学んでいる。そこでは調理だけではなく、飲食業の経営も学ぶことが求められる。さらに、ホテルのレストランでの実習も組み込まれている。このような「学校化」の効用の一つは、料理人の社会的地位が上がったことであり、その結果、今日、専門職業としての「料理人」を目指す若者は年々、増加している。

料理人たちの成功物語

数々のレシピ本が出版され、メディアでは料理に関する多くの番組が放送されるようになり、有名な料理人は、トルコ語のアシジュではなく、シェフと呼ばれるようになった。そして、有名なシェフの成功物語が各種メディアで取り上げられるようになっている。

その筆頭は、インターネットを通して世界中に名前が広まった某ステーキハウスのオーナーシェフだろう。そのシェフは、東アナトリアの炭坑夫であった父親のもと、五人きょうだいの最年長として生まれた。六年間の小学教育の後、肉屋の下働きとして働き始めた。二〇〇九年には、小額の持ち金だけを手にアルゼンチンに渡った。その後、アメリカや日本で働き、イスタンブルに小さなステーキ店を構えた。このステーキ店が成功し、その後、海外にまで系列店を構えるようになった。彼が考案した独特の調味パーフォーマンスは、いまではネットで広く拡散し、彼をいっそう有名人にしている。

彼のように、貧しい子ども時代を経験し、下積みから立身を遂げた料理人の話は、メディアを賑わせている。トルコで、このステーキハウスのオーナーシェフと同様、立身出世を遂げた料理人としてメディアでもてはやされている人物に、某レストランのオーナーシェフがいる。彼はユーゴスラビア出身で、小学生の頃から牛乳売りの行商を始め、十歳からは、障害のある両親を養うためにロカンタの皿洗いをした。その後、給仕補佐から給仕、そしてシェフ補佐からシェフに昇進し、現在は三十七人を雇用するオーナーシェフである。

彼らに代表されるように、メディアで褒めそやされる有名シェフの話はいずれもよく似ていて、貧しかった子ども時代から辛い努力をかさね現在の名声を築いたという成功譚として描かれている。

他方、これとは別種の、メディアが好んで取り上げる料理人の成功物語もある。それは、父親がホテルの飲食セクターで働いていたことや叔父が料理人だったことから、その跡を継いで自分も料理の道に入り、先人たちから料理の知識と技術を学び、それらを愚直に継承して成功したという種類のものである。

これら二種類の成功物語は、「個人の努力」と「血統」という、誰もが納得できるような慣習的な価値観に根ざしており、いつの世にもメディアが好んで取り上げる話題なのだろう。

個性化する今日の料理と料理人たち

かつては、レストランの味の良し悪しを気にするトルコ人はいても、レストランのシェフの名前など、気にする者はほとんどいなかった。しかし、今日では誰々シェフの店であることが評判になる。トルコでも、シェフの個性で料理が選ばれる時代になろうとしている。そして、そんなシェフたちの多くは、トルコの大学を卒業し、海外の料理学校やレストランで修行を積んでトルコに戻ってきたような料理人たちだ。そのような個人名で仕事をする料理人たちの中には、「男の世界」と言われてきた料理業界に果敢に進出を果たした女性のシェフたちもいる。彼女たちも、男性のシェフ同様に、大学卒業後、海外で専門に料理を学んだ人たちであることが多い。

一握りの有名になった彼ら・彼女たちが作り出すのは、保守的で画一化しているといわれるトルコの地方料理や伝統料理に、自分たち独自の新しいスタイルや独創的なアイデアをアレンジした個性的な料理だ。私も、毎年、イスタンブルを訪れるたびに、この手のシェフたちが腕を振るう新しいレストランを教えてもらう。そして、それらの店を訪ねてみて驚くのは、その個性化した斬新な料理を楽しんでいるトルコ人が実に多いことである。食に関して保守的だと言われてきたトルコの人々が、これらの新奇で定石破りの料理を受け入れているのである。たとえば、素揚げされたパプリカを何本も水切りヨーグルトに突き刺したような料理を目の前にして、驚きもせず平然とそれを食している。そんな光景を見て、私の方が面食らっている。

新奇さを求めるメディアの影響なのか、珍しい外国料理を出すレストランが増えたからなのか、海外旅行で外国料理を食べたトルコ人が増えたからなのか、理由はよく分からないけれど、今日、

6-5　大衆食堂ロカンタの店頭（イスタンブル、ベシュクタシュ）

イスタンブルなどの大都市では、格段に多様な食文化が受け入れられるようになっている。そして、そのような多様化した人々の欲求に応えるのは、個性化し、国際化したシェフたちの新しいトルコ料理なのである。

大衆食堂、ロカンタに残る職人の技と味

ただ、そうはいっても、それはイスタンブルなどの大都会に住んでいる一握りのトルコ人たちの間でのことだ。そのような新スタイルの高級なトルコ料理の対極にあるのが、町の大衆食堂であるロカンタに並ぶお馴染みのトルコ料理の数々であるといってよい。

ロカンタで料理を作るような料理人のことをシェフとは呼ばず、トルコ語にもともとあった料理人という意味の語であるアシュジュと呼ぶ。ロカンタで提供される食事は、トルコの一般家庭でもよく作られる、スル・イェメックと呼ばれる煮込み料理が中心だ。ケバブなど一般家庭では通常作られない炙り肉の料理は、ロカンタでもたいてい提供されない。

このどこの街角にもあるロカンタ、その店内に入ってみよう。すると、入り口近くに、たいがい大きなガラスケースが据えられている。そして、その中には、ちょうど学食や社員食堂のカフェテリアのように、数種類の料理がそれぞれもられたコンテナがずらりと並んでいる。そこから客が好きなものを選ぶと、店のスタッフが適量を皿に取り分けてくれる。客のリクエストには、たいがい快く応じてくれる。たとえば、二種類の料理を食べたいときには、それぞれ半人前にしてほしいと頼むこともできるし、また、ピラフの上に煮込んだひよこ豆をかけてほしいなどという注文にも気さくに応じてくれる。

ロカンタで食べる料理の多くは、誰もがその味を知り、口に入れるだけで心が和む定番の料理だ。お客は子どもの頃からそれらを食べ慣れ、その料理がどんな味で、どんな食感で、どの程度でお腹を満たしてくれるかを熟知している。このようなロカンタで料理を作る料理人たちは、個人の名前で仕事をするわけでもなく、料理の新奇さで腕を競うわけでもない。毎日、黙々と定番の料理を丁寧に調理し、庶民たちに提供し続けている職人たちである。

新奇さと個性で売る流行のシェフがつくる料理がもてはやされる一方、街角のロカンタで毎日の定番料理を粛々と提供するアシュジュたちの存在がある。この縁の下の力持ちたちが存在し続けることで、トルコ料理は、その安定性を保つことができるのだと私は思うのである。かれらに心からの敬意を表したい。

＊コラム6＊　ペティナイフを使った調理法

トルコでは、調理で野菜を切るとき、日本で使われるような菜切り包丁ではなく、一般的にペティナイフが使われる。まな板を使わず、一方の手で野菜を保持し、他方の手に握ったペティナイフで上手に切っていく。キュウリを輪切りにする時は、利き手でない方の手でキュウリを握り、利き手の親指の腹をキュウリに軽く添え、残りの四本の指で握ったナイフを使って摘み取るように切っていく。

たとえば右手が利き手の人がタマネギをみじん切りにするときは、たまねぎを左手のひらで根側を下にしてかるく握り、右手に握ったナイフで縦方向と横方向に格子状に深く切れ目を入れ、器用に左手でタマネギを回しながら、右手のナイフで削ぎとるようにみじん切りにしていく。見事な手さばきだ。もちろん、ナイフがすべって、手のひらを切ることはない。いまでは私も、まな板をつかわず、トルコ式にペティナイフを使って野菜を手ひらの上で切る方が便利に感じるようになった。

ところで、トルコ人女性の一人は「日本のよく切れる包丁は、手を切ってしまうかもしれないので、私には使えない」と言った。トルコ式に野菜を切るには、日本の包丁はシャープすぎるというのだ。たしかに私もそう思う。だから、私も、手のひらで野菜を切る時はトルコで買ってきたペティナイフを使う。そんな時、たかだかキッチンナイフであっても、道具というものは、それを使う人々の文化や習慣の中で進化してきたのだとあらためて実感する。

第7章　現代トルコ家庭の「いえごはん」

あるトルコ人女性の食生活史をみつめて

トルコの家庭料理、マヨネーズを使わないポテトサラダ。レシピ→179頁。

変化する現代トルコ家庭の食生活

トルコの食文化を考えるとき、遊牧時代からオスマン帝国時代を経て今日へとつらなるトゥルク人の文化を代表するような固有の食文化への視点は欠かせない。しかし、もう一つ重要な視点がある。それは、現代のトルコ人が日常的に食べている食べ物を総体としてみつめる視点だ。現代のトルコ人たちは、これがトルコ料理だといわんばかりの羊肉料理や豆煮込み料理だけを食べているわけではない。コーラも飲めばスパゲッティも食べるのだから。とくに、今日のトルコの一般家庭の食文化を捉えようとするなら、この視点は欠かせない。

今を暮らすトルコの一般家庭の食生活の現場をみれば、そこでは、歴史的に培われてきた伝統的な食事だけでなく、グローバル化した今日の、とくに欧米の多国籍食品産業が提供するファストフードや周辺諸国からトルコに流れ込んでくる食材や料理などが雑多に混ざり合っている。そこには、都市化と産業化が急速に進行し変化が激しいトルコ社会の中で、日々を暮らす市井の人々の必要性によって形作られたリアルな食の風景がある。それは、書店の棚を飾る美装された料理書で紹介されるような「トルコ料理」などからははるかに隔たった食の風景だ。

トルコの社会でも、産業化に伴って都市への人口集中は急速に進み、ちょうど一九七〇年代の日本がそうだったように、今日、都市人口は農村人口を超えた。都市では、事務系労働者が増大し、いわゆる中産階級化が急速に進み、女性の社会進出も著しい。それにつれて共働き世帯も増え、核家族化も進みつつある。専業主婦が朝からキッチンに籠もって、家族の食事づくりに専念するといった風景は、たしかに今も農村や地方の中小都市では、まだまだ多数派かもしれないが、しかし、イスタンブルなどに代表される発展の著しい大都市の都市生活者にとっては、もはや懐かしい昔話の領域に属する事柄である。このような変化によって、当然、食品工業が送り出してくるインスタント食品や半調理された食材、デリバリーサービスで家庭に届けられるピザなどのファストフードが続々と家庭に流れ込んでいる。とはいえ、今日の多くの先進国にみられるように、オーガニックな食材への関心や民族的な食文化への回帰意識の高まりも同時に顕著だ。トルコの家庭における食文化はまさに混沌とした変化の渦中にある。その状況に目を向けることなしに、現代を生きるトルコの人々の食生活のダイナミズムを捉えることはできないに違いない。

そこでこの章では、実際に、一般家庭で食べられている食事に焦点を当て、今日のトルコの食文化とその変化の方向を考えてみることにした。そのための方法は、いろいろあるだろう。全体を平均的に捉えるには統計的な観察もあろう。しかし、口頭伝承文芸研究者の端くれとして、市井の人々の一人ひとりの語りに耳を傾けるスタイルを守ってきた私には、事例観察という方法が馴染み深い。つまり、具体的な人間の観察をとおして、そこから普遍的な原理や変化の方向性を見出すという手法である。そこで、私は、現代を生きる一人のトルコ人女性の食生活に焦点を当てることにした。具体的な女性のいわば食生活

7-1　スーパーで売られ始めた半調理の冷凍食品

史を見つめることを通して、現代のトルコの食文化の実態と変化の方向をみつめたい。一人の人生の中にも、その時代を覆う大きな流れが注ぎ込んでいるに違いないからである。

一人の女性の食生活史を追って――Tさんとの出会い

私がトルコに日本語教師として最初に赴任した一九九六年に出会い、現在でもずっと親密に交流を続けている一人のトルコ人女性がいる。私にとって、これほど長くかつ身近に接してきたトルコ人は、彼女を置いて他にない。そこで、彼女に登場していただき、彼女の人生の軌跡に沿って変化してきた食生活の姿を記述してみたい。そして、この作業をとおして、現代のトルコ家庭の「いえごはん」を見つめていきたい。

そのための最初の手がかりは日記だ。私がトルコに旅立とうとしていたとき、海外経験が豊富で雑誌記者だった知人に「トルコに行ったら日記をつけて、その日に何を食べたかもきちんと記録すればいいよ。その後、必ず役に立つから、是非書いたらいい」とアドバイスを受けた。そのアドバイスに素直にしたがい、トルコで生活を始めた頃、日々の出来事を日記に記録した。この章を書くに当たり、その日記のことを思い出し、書棚の奥に探し当てた。それを手がかりにして、話を始めることにする。

彼女は、私の学生の一人だった。赴任した私たちの歓迎をこめて、在籍している学生たちが、新入生と私たちのために企画してくれたカッパドキア・ツアーの日、その学生と初めて個人的に言葉を交わした。一九九六年十月十九日だったと日記は記録している。

ツアーの当日、私と同僚のところに、一人の女子学生がニコニコしながらも、やや恥じらいながらやってきた。大柄なその女子学生は、長い髪を後ろで一つにくくり、眼鏡をかけて赤いジャージのパンツを履いていた。ほっぺが赤くて、いまどき珍しい田舎の女の子という印象だった。

この女子学生が、それから私と長い交流を続けることになった女性である。（この章のヒロインでもあるこの女性を、以後、Tさんと呼ぶことにしたい。）Tさんは、私に「十月二十九日の建国記念日の連休に、実家のメルシンに遊びにきませんか」と誘った。トルコに来て、初めて行く地中海。赴任してまだ間もなかったが、海のそばで育った私は、海のないこの赤茶けた赴任地で息が詰まりそうになっていたので、二つ返事で「行きます」と答えた。

十月二十六日、授業を終えて私と同僚は、午後四時のバスで、Tさんとともにメルシンに向かった。バスの中では、彼女が下宿のキッチンで作ってきてくれたボレキ（小麦粉で作った薄皮を層に重ねたパイ状の軽食）を食べた。中に、ほうれん草とチーズが入っていた。私にとって、初めての長距離バス旅行だった。

トルコの長距離バスといえば、こんなしきたりがあった。乗客は自分が何か食べる時は、必ず周りの人たちにもお裾分けをする。自分一人で食べるのは失礼。そして、勧められた方も断るのは失礼。ということで、すくなくとも、一つはもらうのが礼儀だった。私が乗ったバスの中でも、この風習が生きていた。私達のお腹は、到着までにすでにいっぱいになっていた。（しかし、現在では、イスタンブルのような大都会では、親は子どもに「知らない人から食べ物は絶対にもらわないように」と言うそうだ。世知辛い世の中になったものだと思う。）

地中海沿岸の実家で出会った家庭料理

さて、五時間半のバス旅行を終え、夜の九時半ごろにメルシンのターミナルに到着した私たちは、Tさんの実家に向かった。実家では、お母さんが晩ご飯を用意して待っていてくれた。バスの中でたくさん食べ、お腹はいっぱいだったが、お母さんがせっかく作ってくれた料理だから有り難くいただくことにした。日記によれば、その時の夕食は、チキンのクリームスープ、ラハナサルマス（お米やスパイスなどをキャベツで巻いたもの）、ターゼファスリエ（モロッコインゲンのトマト煮）、プラサというリーキに似たネギの冷製（ネギに人参とお米を入れてオリーブオイルで炊いたもの）、サラダ二種類だった。このチキンのスープは、とてもおいしくて、レシピをメモした。日記では、そのスープを特別に「Tさんのお母さんのスープ」と記録している。よほどおいしかったのだろう。

日記は続く。次の日は、前日の疲れから早く起きられず、遅めの朝食となった。チーズ二種類、トマト、キュウリ、ボレキ（チーズ、ポテト、ミンチの入った三種類）、自家製のアプリコットジャム、パンを食べ、チャイを飲んだ。日記は「海辺の街にきてやっとホッと一息つけた」と記している。

そして、晩ご飯には、キョフテ（トルコ風の肉団子）のトマト煮込み、豆の煮込み（金時豆に似たバルブンヤ豆をトマト煮にした冷製か）、前日のチキンのクリームスープとプラサというネギの冷製、パンとサラダ。

夕食の後、Tさんのおばさんが私たちを飲みに連れて行ってくれた。入ったカフェで、私はマルガリータとウオッカリッキーを飲んだ。その時、Tさんが家から持参したナッツを裸のままズボンのポケットから取り出したのを見て、私は目を疑った。食べ物を包まず直にポケットに入れるという習慣は、私にはなかったのである。

もうすこし、Tさんの実家で私が出会った家庭料理の紹介を続けよう。

三日目の朝ご飯は、アプリコットジュース、チーズオムレツ、トマト、キュウリ、チーズにパンとチャイ。トルコのオムレツは、日本で好まれるようなフワフワのオムレツではなく、フライパン一面に丸く薄く焼く。そして、中までしっかりと火が通っている。

お昼ご飯には、チキンサンドイッチにリンゴとオレンジ。

夜には、Tさんのご両親がシーフードレストランに連れて行ってくれて、魚介類に舌鼓をうった。フライドポテト、イカのフリッター、チプラ（タイの一種）かレブレッキ（スズキ）の一尾を丸ごと塩焼きしたグリルを食べた。トルコでは、魚料理と一緒に、フライドポテトを頼むことが多い。日本人の私としては、ポテトよりも、パン、さらに欲を言えば、白いご飯がほしかった。

滞在の最終日の朝はブランチだった。この日も、Tさんのお母さんはボレキを焼いてくれた。それに、定番のトマトとキュウリとチャイ、そして、ピシと呼ばれるメルシン風のドーナツ（パン生地を素揚げにして、砂糖はまぶさない）。この甘くないドーナツはジャムなどをつけて食べる。これらのたくさんの料理がテーブルを埋め尽くした。日記には「その後、四時頃にランチができたと言われて驚いた」と書いている。帰路に就く前に食事を用意してくれたのだ。

その最後のメニューは、チキンのグリル、マッシュポテト、ピラフ、グリンピース、カリフラワー、人参とサラダだった。日記にパンの記載がなかったのは、パンが出されなかったからではなく、ピラフを食べたのでパンを食べなかったからだろう。今思えば、日本人の私がパンを食べなかったことをTさんの家族は意外に思ったかもしれない。というのも、トルコの人々は、パンを食べないとお腹が一杯にならないというからだ。トルコ人にとって、ピラフはおかずで、主食はパンなのだから。でも、私はピラフがあれば、パンがなくても構わなかったのである。

贅沢な食材より、手作りを尊ぶ「もてなしの心」

別れのときが来ていた。バスに乗って戻るつもりだった私と同僚を、Tさんのお父さんが車で送ってくれた。三二〇キロも離れている街に車で送ってくれたのである。来訪者を大切にするトルコの人々の暖かさが私の心を打った。

こうして、私の初めての旅行が終わった。Tさんと家族は、その後、私のトルコでの家族のような存在になり、休暇の度に遊びに行くようになったのである。

当時の日記を読み返し、メルシンで私が初めてトルコの一般家庭料理に出会ったことを長々と書いた。その後、トルコで暮らすようになって分かったことだが、私たち外国人をもてなすためにTさんのお母さんが作ってくれた料理は、たとえ安価な食材を使っていたとしても、十分な手間と調理法を工夫することで豊富なレパートリーに彩られたトルコの家庭料理だった。そこには、プロが作った豪華料理や高価な高級食材はなかった。それを思うとき、日本の食卓が頭をよぎった。日本では、高価な食材を使った料理やプロの手が入った寿司などの仕出し料理で客をもてなすことが多い。それはそれで、一つのもてなしの形かもしれない。これとは対極に、トルコでは、ありふれた食材であっても、手間隙かけた手作りの家庭料理で客をもてなす風習が深く根付いていた。私は、そこに二十世紀終盤になっても消え去らない、アナトリアの農村的もてなしの原型をみたように思う。

しかし、今日のトルコ、特にイスタンブルのような大都会では、素朴な家庭料理よりも高価な食材を使ってもてなす傾向が徐々に広がりつつあるようにも感じる。その傾向の背後には、結婚後も働く女性が増え、家庭でたくさんの料理を手作りする時間的な余裕がなくなり、それと逆比例して、経済的な余裕がでてきたというトルコの一般市民生活の変化があるに違いない。そして、この傾向は、手作りの素朴な料理を盛りだくさんに出すよりも、見栄えよく盛られた少量の高価な食材を使った料理と洗練されたセレブ風のテーブルコーディネイトへと、トルコの市民たちの価値観をじんわり誘おうとしているように私には思える。

学生時代のTさんの簡潔料理

ところで、この滞在の間、私たちは観光名所である「天国」と呼ばれる洞窟を訪ねる機会があった。階段を上ったり下ったりしてすっかり音を上げている私に「天国にいくのは難しい。しんどい目に遭うのは、仕方のないことです」というTさんの声が返ってきた。それを聞き、Tさんには、年に似合わず老成した趣があると感心した。その後、年齢差があるのに、私がTさんと長くつきあうようになったのは、彼女のそんな落ち着いた性格によるところが大きかったのだと思う。

Tさんが私の学生だった四年間、多くのトルコ料理を作って食べさせてくれた。学生だった彼女には、贅沢な素材は手に入らなかったに違いない。安価な赤レンズ豆で作ったスープや豆料理、麦を炊いてバターで炒めたピラフのような料理、そして、ボレキなどの穀物の料理が主だった。

安価な食材を巧みに使い、簡素だが、実においしい料理を手作りするTさんの姿に、メルシンで少女時代の彼女を育て上げた母親の姿が重なって見えた。ただ、トルコでは、その母親が若かった頃は、女性が大学に進学することは稀だっただろう。しかし、今、その娘は大学で日本語を専門に学ぶ機会を手にしている。Tさんが作る料理に、母親譲りの手作りの心をみると同時に、勉強を優先するため時間を惜しんで効率的に食事を作ろうとする新しい世代のトルコ女性の合理的な精神も垣間見るのだった。

ただ、今思えば、当時のトルコには、冷凍食品などの調理済み食品は、イスタンブルのような大都市は別として、一般には普及していなかった。そもそも冷凍食品を温める電子レンジも、まだほとんど普及していなかった。だから、Tさんが料理を手作りしていたのも、当然といえばそうだった。もし、その頃、冷凍食品と電子レンジがあったらどうだっただろうかと思うこともある。

とはいえ、電子レンジと冷凍食品に対する抵抗感の大きさが、それらが身近になった現在も、トルコの一般家庭に根強くみられる現実に気付かされる時がある。トルコで多くの女性たちに私はこんな質問をする。「お金に限りがあるとき、電子レンジとオーブンのどちらを先に買いますか」と。興味深いことに、この質問に、多くのトルコ人女性たちは、「オーブン」と答えるのである。ここに、私は、いまだ手作り料理に対するトルコ人の根強い執着を感じざるを得ない。そして、かく言う私も、実は、トルコの大学からもらった少ない給料をつかって最初に買ったのは、オーブンだったのである。

イスタンブルでの同居生活で分け合った食事

四年間日本語を教え、つつがなくTさんたちを卒業させたことを機に、私もその大学を去ることにした。そして、イスタンブル大学でトルコ語を勉強しはじめた私は、同じくイスタンブルで働くことになったTさんと、ルームシェアを始めることにしたのだった。

その同居生活は、一年間続いた。私たちは、明確なルールは作らなかったけれど、週末の朝食は二人で作った。そして、夕食は、交替で作ったり、一緒に作ったりした。私が夕食を作るときには、炒め物などの日本料理もどきの食事になったが、しかし、トルコ人は、普通、油も塩も使わずに炊いた日本風の白いご飯を食べる習慣がないので、主食は、もっぱらパンだった。

料理が上手だったけれど、勤労者でもあったTさんが担当した食事は、調理が簡単な野菜の煮込み料理やパスタ料理、ポテト料理が中心になった。品数はすくなく、単品で空腹をみたすことのできるような料理が多かった。Tさんから、そんなトルコ料理の作り方をいろいろ教えてもらった。

たとえばポテトサラダは、日本のポテトサラダとは違い、マヨネーズを使わないのが私には新鮮だった。Tさんが作るポテトサラダは、茹でて切ったジャガイモに、スマックという赤紫蘇に似た香辛料を入れ、そこにディルを刻んで加え、味付けには塩とオリーブオイルだけを使った。酸っぱいスマックを使うので、レモンなどの酸味を入れる必要がない。これに加えて、トルコ料理に欠かせないミントやディルなどのハーブ類もよくつかった。マヨネーズをつかったサラダは、普通のポテトサラダとは区別して、ルスサラタス（ロシアのサラダ）と呼び、サイコロ状に切ったジャガイモと人参、そしてグリンピースが

7-2　学生時代のTさん（中央）とお母さん（左）と筆者

入ることが多かった。

Tさんも都市で生活する単身の勤労者であり、その食生活は、日本で家族を離れて都市で生活する若い女性の食生活と基本的に似ているといえた。

Tさんとの同居生活で、二人とも仕事や勉強で疲れきった夜には「今日の晩ご飯（akşam yemeği）は、朝ご飯（kahvaltı）にしようよ」とよく言ったものだ。日本語で表現すると妙な文章になるが、これは「朝ご飯に食べるような冷たい食事。切るだけで準備できる簡単な食事にしよう」と言う意味なのだ。そして、そんな夕食のテーブルには、普段なら朝ご飯に食べるトマト、キュウリ、チーズ、オリーブなどが登場した。

これらトルコの定番の朝ご飯に加えて、暑い夏の日には、スイカと白チーズをおかずにパンを食べることもあった。白チーズは、日本ではフェタチーズと呼ばれている、真っ白で四角いチーズだ。（日本では、オリーブオイル漬けにされて、瓶に入って売られていることが多い。）この白チーズは、一見みな同じようにみえるが、実は、メーカーによって塩加減や脂肪の分量、固さが微妙に異なる。だから、スーパーの店頭では品選びのために味見ができる。店員も心得たもので、嫌な顔一つせずに、しっかりと味見をさせてくれる。だから、私が最初に覚えたトルコ語の一つは「味見できますか？（Tadına bakabilir miyim?）」だった。

働く母親である現在のTさんの食生活

このように続いたTさんとのルームシェア生活は一年でピリオドを打った。その後、Tさんは結婚し、数年間イスタンブルを離れることになった。Tさんが配偶者と息子とともに、イスタンブルに戻って来たのは、私がイスタンブル大学の大学院で猛勉強をしていた時代だった。たがいに生活スタイルも変わり、Tさんと以前のように頻繁に会うということはなくなった。しかし、彼女との友情と家族同然の交流はその後も続いた。その後、Tさんは仕事上の理由で配偶者とは離れ、現在、外資系の企業の役員秘書として働きながら、小学上級学年の息子一人を育てている。今でも私がトルコを訪ねるときは、必ずTさんの自宅に滞在するのが常だ。そんなとき、彼女の食生活をあらためて眺め、その変化を考えるのである。

Tさんの現在の自宅は、ボスボラス海峡を挟んだイスタンブルのアジア側の郊外にある。イスタンブルの市域は、現在、周辺部を飲み込みながらますます拡大しつつあり、彼女の現在の自宅からヨーロッパ側にある中心部には、バスでボスボラス海峡を超えて一時間以上もかかる。しかし、そんな郊外にも、最近、高級な総菜店が二軒も店開きした。惣菜店のショーケースには、高級レストランを想わせるようなおいしそうな惣菜がずらりと並んでいる。彼女の家に滞在中の私が一人で食事するとき、晩酌の肴として、その店で何品か惣菜を買うことがある。食べてみると、なかなかの品質で値段だけのことはあると思う。

ただ、Tさんはそんな惣菜は買わない。晩酌する習慣がないからかもしれないが、中流の勤労家庭の日常の食生活としては、まだまだ贅沢品だと思うからかもしれない。

Tさんの家に私一人で滞在しているときの「いえごはん」は、たい

7-3　現在のTさんと息子と筆者（イスタンブル、アジア側のカフェにて）

がい野菜や豆料理が中心である。ズッキーニを細かく切ってタマネギと炒め、トマトのサルチャ（ペースト）で炊いたものにヨーグルトとサラダ。緑のレンズ豆を炒め、トマトのサルチャで炊いたものとサラダ。ブルグルというひきわり小麦のピラフとサラダなどなど。彼女も息子も、肉をあまり食べず質素だ。

とはいえ、私が夫を連れてTさん宅に泊まると、夕食は、にわかにゲスト対応となる。肉料理が登場したり、シーフードレストランからデリバリーを取ったりすることもある。イスタンブルでは、二〇〇一年からオンラインでデリバリーが注文できるサービスが始まった。食生活では保守的で慎ましいTさんでさえ、ときどきデリバリーを頼むようになった。

Tさんは、フルタイムで働く女性だ。しかし、彼女の家では調理済の冷凍食品が使われているのをめったに見たことがない。ただ、例外として、息子が好きだというマントゥ（水餃子に似ていて、茹でてヨーグルトをかけて食べる）は、作るのに手間がかかるので、時々冷凍のものを買うそうである。私が彼女と同居していた頃は、マントゥのような手間のかかるものが食べたくなったら、レストランやロカンタ（大衆食堂）に食べにでかけた。店で売っている半調理品は、おいしくなかったからだ。しかし、現在、半調理品である冷凍食品の品質が向上し、Tさんもそれを使うようになっている。このように、トルコの一般家庭における食生活は、着実に変化を遂げつつあるようだ。

都市家庭を支える地方の実家

ところで、これだけ食生活が便利になったというのに、フルタイムで働いているTさんの自宅の冷蔵庫に、どうして市販の冷凍食品がほとんどないのかと常々疑問に思っていた。しかし、最近、目にしたある光景で、この謎が解けた。

都市生活をはじめた第一世代であるTさんのところには、秋になると、地中海沿岸にある実家から、オリーブ、オリーブオイル、サルチャ（トマトまたはパプリカのペースト）、トゥルシュ（野菜の漬け物）、ジャム、果物のコンポートなどが、これでもかと言わんばかりに続々と届くのである。日本の都会で一人暮らしする子どもたちに、田舎の親からいろいろな食材が送られるのと似ている。ただ、その量が半端でないところがトルコ独特なのかもしれない。これら実家から届く食材は、物価の高いイスタンブルで暮らす若い世代にとって、実に有り難い存在でもある。

食品を新鮮なうちに宅配してくれる宅急便のようなサービスは、まだ日本ほどトルコでは普及していない。しかし、そのかわり厚くて太い身内のネットワークがある。実家の親たちは、イスタンブルに仕事や慶事のために車で出かける身内に託して、実家の畑で収穫されたみかんやレモンなどの柑橘類や野菜などをはじめ、半調理の食材を実家で冷凍したものや母親が手作りした「おふくろの味」などを届けるのである。イスタンブルで暮らすTさん宅の冷凍庫は、そんな実家製の食材でいつも満杯だ。だから、市販の冷凍食品など買う必要がないのだろう。

それに加え、母親が実家から出てくる。出てくると、短くても一か月は滞在し、料理を作る。働くTさんが普段は時間がなくて作れないよう

7-4　実家から送られてくる保存食の数々

な手の凝った料理も、母親が代わって作ってくれる。Tさんの大好物のイチリ・キョフテ、揚げナスやシシトウとキョフテを合わせたトマトの煮込み、スパイスの入った米をブドウの葉で巻きオリーブオイルで煮込んだヤプラックサルマス、ピーマンやズッキーニの中にミンチと米を詰めて煮込んだドルマ、豆の煮込みなどなど、数えたらきりがない。

中でも、イチリ・キョフテは圧巻だ。それは、ブルグルという小さい粒のひき割り小麦を小麦粉と合わせて練りあげ、その生地の中にスパイスで味付けをしたミンチを詰めて茹でる料理だ。この生地づくりが難しい。卓球のボールぐらいの大きさの丸い生地に親指と人差し指を使ってミンチをつめる空洞を作る。いかに生地を薄く伸ばして、破れないように中身を包めるかが秘訣だ。最後に油で揚げて仕上げる地方もあるようだけれど、Tさんの家では茹でる。茹でる際に、生地が薄くて破れると中身が漏れ出して料理が台無しになってしまう。面倒だが手間がかかる分だけ、おいしい料理なのである。

こうして母親が作った料理は、確実に冷凍保存され、Tさん家族の食生活を豊かに支えていく。ただ、これからは、彼女の息子のような都市生活第二世代、第三世代が確実に増えていく。そうなれば、地方に実家のない彼・彼女たちが一般市場から食料品を購入する傾向は強くなっていくだろう。このことは、工業的に作られる食品への依存を増大させ、さらにファストフードなどの外食産業の拡大に拍車をかけることを容易に予想させる。日本のような高度に工業化された食品群がトルコにも登場する日は意外に近いかもしれない。

変わる都市生活と食文化

トルコに最初に来た頃と比べると、今日のトルコは、いろいろな面で激変した。初任地であったカイセリは、当時、内陸のひなびた地方都市に過ぎなかった。街で一番の目抜き通りの商店街でも、レストランと呼べるような店は一軒あるだけだった。ところが、十八年ぶりに学会で訪れたとき、その発展ぶりに目を見張った。街の中心には大型のショッピングモールがいくつも建てられ、五つ星ホテルが並び、かつて勤めていた大学の構内には路面電車の駅が設置されていた。

食生活を取り巻く環境も様変わりしていた。私がいた一九九〇年代後半には、鮮魚専門店やシーフードを食べさせてくれる食堂などは、ほとんど見かけなかった。内陸でも手に入りやすい淡水魚のマスだけはあったが、しかし、海の魚といえば稀に黒海から送られてくる冷蔵のイワシや冷凍のサバだった。知人から「今日はイワシが入ったから」と夕食に招待されたこともあった。お呼ばれした家庭で目にしたのは、指ほどの小さなイワシを何十匹もオーブンで焼いた料理だった。海産魚を食べることはそれくらい特別なことだった。

ところが、十八年ぶりに行くと、大通りに立派な鮮魚店が何軒も店開きし繁盛していた。さらに、その傍らには、新鮮でおいしいシーフードを提供するレストランも軒を連ねていた。今では、地中海産のタイやスズキも普通に食べられる。流通網が発達し、トルコの内陸部まで新鮮な魚を輸送できるようになったのだ。

カイセリのような地方都市でもそうなのだから、イスタンブルにおける食生活の変容は押して知るべきだろう。大型のショッピングモールが、二〇〇三年以降、雨後の筍のようにあちらこちらに出現した。それらのモールには、たいがい大型のスーパーマーケットが入っている。イタリアの食材を売る、日本でも有名なマーケットも登場した。クリスピークリームドーナツやシナボンも買える。スターバックスのコーヒーを飲みながら歩くのが流行りの風俗だ。

イスタンブルのスーパーマーケットからみえる未来

二〇一七年に、イスタンブルではありふれたスーパーマーケットのいくつかで、売られている食料品を調べたことがある。

まず目についたのは、インスタント食品の増加である。レトルト食品はまだなかったが、インスタントスープ類が激増していた。調理済の冷凍食品や加工食品も、日本や欧米に比べるとまだ数は少ないようだったが、確実に増えていた。

外国から入ってきた輸入食品も、種類と量の両面で増えていた。カップ麺は私がトルコ在住中にもあったが、それに加えて袋入のインスタントラーメンも登場していた。トルコ風にアレンジされたトマト味のインスタントラーメンもあった。中華料理の春巻きや餃子の皮も売られていた。「panko」と表示されたパッケージが目にとまった。「パン粉」だ。ウィーン式のシュニッツェル用の細かなパン粉は以前も売られていたが、日本で見かけるような目の荒いパン粉が登場していた。数年前に大流行した欧米由来のトゥリレチェ（クリームを染み込ませたケーキ）のインスタントミックスがヒット商品になっていた。さらに、健康志向のスーパーフードとして、日本でも有名な「キヌア」や「チアシード」そして「蕎麦の実」まで売られていた。

一方、トルコの食文化に特徴的な食材や食品も、そのバリエーションを増やしていた。各地方の郷土料理として食べられてきたようなローカルなスープ類が幾種類もインスタントスープとして売られていた。オーブンで焼くだけの冷凍のボレキ、ブルグル（ひき割り小麦）とフリーズドライの野菜がミックスされたインスタントピラフの素、トルコ料理に欠かせないメゼ（前菜）用に調整されたミックススパイス、オリーブオイルと熱湯を加えるだけの赤レンズ豆キョフテ、そして、作るのが難しい料理の筆頭だったイチリ・キョフテのインスタント版すら売られていた。痛みやすく保存が効かない生鮮食品のカイマック（生乳から採れるクリーム状の食品）が、なんと冷水を加えるだけの粉末保存食品に加工され登場していた。他にも、かつては来客用の高級食材だったクズ・ピルゾラ（ラム肉のチョップ）をはじめ、食肉を並べる冷蔵ケースはさらに拡張され、トルコの民族酒ともいえるラクの種類も充実の度を増していた。

これらイスタンブルのスーパーマーケットで売られている食料品群は、いずれ登場する新しい世代のトルコ人たちにとって、その家庭料理の祖型となっていくのだろう。発達する食品工業が圧倒的な物量をともなって供給してくる新しい食材や食品は、せわしない生活時間を生きる都市住民の食生活を確実に支えていくに違いない。

しかし、物質的に豊かになった生活の裏面で、精神的に広がる欠乏感や空白感を埋める何ものかも、いっそう切実に求められるに違いない。その傾向は、古き良きトルコの家庭料理への回帰となって現れ始めている。マスプロダクションの中でともすれば片隅に押しやられていた地方の食べ物や、かつては時間をかけて手作りした

7-5　スーパーマーケットの店内（イスタンブル、チェクメキョイ）

ような家庭料理が、インスタント食品となって再登場し、また、流通革命と所得上昇によって相対的に入手が容易になったトルコ料理の高級食材に一般家庭が手を伸ばし始めているのもそうだ。この複雑な時代の中で、トルコ家庭料理はどのような変化を遂げていくのだろう。その変化の方向に引き続き注目していくつもりである。

＊コラム7＊　大量に使う油脂――重労働を支えた高カロリー

トルコの女性たちからいろいろな煮込み料理を習った。トルコの煮込み料理は、みじん切りにしたタマネギを油で炒めることから始めるものが多い。そんなとき、鍋に油をどれくらいいれればよいか、「ストップ」と声をかけてもらうのだけれど、なかなかストップがかからないことが多かった。「まだ?」「まだ?」と聞きながら、恐る恐る少しずつ油を入れ続ける。最後に「いくらなんでも入れ過ぎだ」と思うころになって、やっと「ストップ」がかかる。この油の量は、私にとっては「炒める」ためではなく「揚げる」ための分量だ。私がそのことをくりかえし言っても、「油が多くないとおいしくないからこれでいい」といつも言われるのだった。

トルコでは、料理に使う油脂の量は半端ではない。たとえば、多くのレシピ書が、四人分のスープを作るのにマーガリン二五〇グラムをすべて入れよと書いている。売られているマーガリンは一箱が二五〇グラムなので、余りが出ず合理的なのかもしれないが、私から見れば、これではカロリーの摂りすぎだ。

想えば、農業国のトルコでは、厳しい農作業に必要なカロリーの摂取は不可欠なことだったのかもしれない。しかし、今世紀に入って、事務労働の拡大や機械化による肉体労働の軽減によって、トルコでもカロリーの過剰摂取が健康問題として急速に認識されつつある。トルコ女性の中には、ダイエットを意識する人たちも年々増加している。そんな中には、スープだけ飲んでダイエットしていると言っている人もいるが、そのスープの油っこさを思うと、到底ダイエットをしているとは思えない。長い時間をかけて培われてきた食の嗜好は、そう簡単に変えることはできない。だから、急速な現代化がトルコの食文化に変化と混乱をもたらしている現在の状況は、当分、続くのかもしれない。

別章　トルコ人はどこからきて、どこに定着したのか

トルコ人の歴史と土地

オスマン風とヨーロッパ風の融合を示す料理「皇帝のお気に入り」。レシピ→184頁。

ルーツとしての「トゥルク」

トルコ料理を歴史的に継承してきたトルコ人たちは、古代からずっと変わらず今日のトルコ共和国があるアナトリアの地に住んできたわけではない。彼らの歴史は紀元前にまで遡り、モンゴルの北で始まったといわれている。トルコの人々は、自分たちの祖先をtürkと呼び、もともとは馬を操り遊牧生活を営む民で、モンゴル高原や中央アジアからやってきたと信じている。このtürkは、日本では「トゥルク」や「テュルク」とカナ書きされるか、あるいは、「トルコ系遊牧民」や「トルコ民族」として表記されることが多いが、本書では、簡潔にトゥルク人と呼ぶことにした。トゥルク人の起源は、新しい考古学的発見や新説が登場するたびに古い時代へと書き換えられ、その地域も徐々に広がっていく傾向にある。

一説では、トゥルク（＝türk）という言葉が初めて名称に表れたギョクトゥルク（＝Göktürk、中国語の突厥（とっけつ）という名称が日本では一般的に使われている）という古代国家が、西暦五五二年に建国されているので、それが国家としてのトルコの起源だとされている。

他方、別の説ではこうである。紀元前八世紀ごろ、中央アジアには、おそらくはイラン系遊牧民と思われるサカと呼ばれる人々が広く分布していた。しかし、このサカは、紀元前三世紀ごろ、今日ではロシア中部に当たるアルタイ地方からやってきた匈奴（きょうど）（中国の古い文献に登場する名称）の圧迫を受けて、西へと追いやられた。サカに替わって中央アジアに展開した、このアルタイ系の人々がトゥルク人の起源だというのである。

民族の「発見」

ところで、このトゥルク人が、今日のトルコ人のように一つの民族集団として共通のアイデンティティを持っていたと考えるのは早計だ。というのも、このトゥルク人というのは、時代も地域も離れて暮らしていた複数の部族集団の中で、生活様式や言語が今日のトルコ人と似ている人々を、後世の歴史家たちが一括して「トゥルク」と総称するようになったからだ。

うがった見方をすれば、第一次世界大戦後の「民族自決」の世界的潮流のなかで、自分たちを一つの民族として強く意識し始めたトルコ人たちが自民族のルーツ探しをはじめたとき、自分たちの言語や生活様式に似た人々や部族群を古代史の中に発見し、それらをすべて「トゥルク（人）」という名称で包んだのだといってもよいだろう。そして、それもできるだけ古い時代のものであればすばらしいことになった。

現代のトルコ人のルーツをできるだけ古い時代に求めようとする傾向は、たとえば、私が専攻するトルコ文学でも顕著だ。十九世紀にモンゴル高原で発見され、八世紀のものと推定された「オルホン碑文群」に刻まれていたのは突厥文字だが、一九九〇年代末のイスタンブル大学の文学史の講義で、私は、この突厥文字の碑文がトルコ人によって書かれた最古の文学だと習った。ちなみに、突厥（とっけつ）はトゥルクの中国式の音訳である。ところが、その後、文字を知らなかった時代のトゥルク人も、自分たちの栄光を「英雄叙事詩」として口頭で子孫に伝えたのだから、この「英雄叙事詩」もトルコの文学史に加えるべきだということになった。その結果、今日イスタンブル大学では、文学部トルコ語トルコ文学学科の正式の科目として「叙事詩学」が講義されている。今日では、さらに古い時代のサカや騎馬遊牧民が作った叙事詩物語なども、トルコ文学における口頭伝承文芸として認知されるようになっている。

中央アジアの遊牧騎馬文化

このように起源については諸説あるが、いずれにせよ、このトゥルク人は、ウイグル、そしてカラハンなどを中心に騎馬遊牧文化を特徴とするいくつかの勢力圏を作り、それぞれの地に定着する群と遊牧を続ける群に分かれながら、南下西進していったといわれる。そして、九世紀ごろを境に、中央アジアに定着し、彼らの住む地域がトルキスタンと呼ばれるようになった。トルキスタンとは、「トゥルク人の住む地」という意味である。そして、この時期に、トゥルク人のイスラム教化も進んだといわれる。

イスラム教は七世紀前半にアラビア半島で生まれ、その後、アラブ人による軍事侵攻によって、西はイベリア半島や北アフリカ、東はイランや中央アジアにまで急速に広がっていった。これを「アラブの大征服」と呼ぶのだが、この流れの中で、中央アジアのトゥルク人の中にも徐々にイスラム教が広がっていった。

十一世紀前半になると、この中央アジアにいたトゥルク人の一部族だったオグズ族がイラン北東に南下し、セルジューク朝を建てた。十一世紀後半になると、この部族は現在のトルコ共和国があるアナトリア地域に進出し、ルーム・セルジューク朝を築き、十字軍と競り合いながら、勢力を伸ばしていった。その過程で、アナトリア地域は徐々にトゥルク人の住む土地となり、イスラム教も浸透していった。しかし、このルーム・セルジューク朝は、十三世紀後半にモンゴル軍に破れ崩壊した。

オスマン帝国の興亡、そしてトルコ共和国へ

ルーム・セルジューク朝が消滅した後、十三世紀末になって、イスラム教化したトゥルク人の一部族の首長であったオスマンという人物が新しい王朝を創始した。これが、その後数世紀にわたって中東世界（そればかりか東欧、北アフリカ、西アジア）に君臨することになったオスマン帝国である。以後、この帝国は一二九九年から一九二二年まで六二〇年以上続いたことになる。

十五世紀中盤の一四五三年、オスマン帝国のスルタン、メフメット二世（在位一四五一～八一年）は、東ローマ帝国の首都コンスタンティノーブルを陥落させた。以後、イスタンブルと呼ばれるようになったこの都市は、オスマン帝国の三番目の首都となった。その後、セリム一世（在位一五一二～二〇年）がエジプトを征服し、イスラム教の聖地であるメッカとメディナを支配下に置いた。さらに、その息子であるスレイマン一世（在位一五二〇～六六年）の時代には、ヨーロッパ、アジア、アフリカの三大陸へと領土は拡張し、オスマン帝国はその最盛期を迎えた。

しかし、十七世紀にはいると、第二次ウィーン包囲の失敗もあり、オスマン帝国は徐々にその勢力に陰りが見え始めた。十八世紀の一時期には、フランス文化の影響を受けて文芸文化が花開く「チューリップ時代」と呼ばれる安定期を経験したものの、領土は諸外国に浸食され始め、帝国は衰退に転じた。十九世紀には、近代化を試みるが成功せず、バルカン諸国の独立運動や周辺諸国からの浸食によって帝国の領土はさらに縮小していった。

二十世紀に入り、第一次世界大戦にドイツ帝国とオーストリア＝ハンガリー帝国の側に立って参戦したオスマン帝国は敗北。戦勝した連合国そしてギリシャによって国土を分割されそうになるが、のちにトルコ共和国の初代大統領となるムスタファ・ケマルが国民軍を率いて反撃し、国土の分割を阻止し、アナトリアの領土と主権を回復させた。

こうして、一九二三年に、政教分離の世俗主義を国是とする現在のトルコ共和国が建国された。

トルコ共和国建国とアタテュルクの時代

トルコ共和国建国の後、「トルコ人の祖（父）」という意味のアタテュルク（Atatürk）という姓を大国民議会より与えられたムスタファ・ケマル・アタテュルクは、人々にとっての社会統合の原理をオスマン帝国時代の「イスラム教」から国民国家にふさわしい「民族」へと変えようとした。それは帝国解体後、縮小した国土の規模に相応するものでもあった。

彼は近代化、西洋化を目指す改革を矢継ぎ早に進めた。並行して、国家の脱イスラム化も強力に進めた。まず、首都をイスラム帝国の残照が色濃い旧都イスタンブルからアナトリア高原西北部の一小都市に過ぎなかったアンカラへ移した。オスマン帝国においては政治的権力者であるスルタンがイスラム教の宗教的権威であるカリフ位も独占するスルタン＝カリフ制を採っていたが、帝国の消滅によるスルタン廃絶を機に、カリフ位も同時に廃止した。これによって、イスラム教による国家統治を廃し、西洋をモデルとした政治体制の世俗化と近代化を一気に図ったのである。

他方、文化や社会風俗においても、脱イスラム＝西洋化を進めた。男性のトルコ帽や女性のイスラム的服装の着用を禁止し、イスラム暦を太陽暦に変更し（ただし、イスラム的行事については、今日でもイスラム暦を使用している)、国字をアラビア文字からアルファベットを基本とした文字に変更した。この国字改革によって、共和国建国後、識字率が明らかに向上したと言われる。

改革を進める姿勢を示すため、アタテュルク自身が率先して、自分と妻の服装をヨーロッパ式に変えて公衆の前に現れたりもした。共和国建国の前後で様変わりした夫妻の写真が、今日、残されている。

この改革は、女性の社会参加も促進した。女性に参政権と教育の機会が与えられた。これによって、少数ではあったが、都会の比較的裕福な家庭の女性たちが高い教育の機会を手にすることができ、その結果、医師や弁護士、大学教授などの専門職エリートに女性が初めて参入を果たした。

アタテュルクは、五十七歳で亡くなるまで、このように西洋化と世俗化を強烈に押し進めた。今日、アタテュルクによる改革は独裁的であったとし、彼の偶像化を批判する議論もないわけではない。しかし、とはいえ、今でも、彼の命日である十一月十日の午前九時五分には、国のあちこちでサイレンが鳴り響き、それを合図に道を行くほとんどの人々が歩みを止め、黙祷を捧げる姿を見ることができる。

アタテュルク後から現代へ

アタテュルクによる共和国建国以来、三十年近く、トルコの政治体制は一党独裁体制を維持してきたが、第二次大戦後、複数政党制へと変わった。外交政策として、欧米諸国との緊密な関係構築を目指したトルコは、一九五二年にイスラム教徒が多数派の国家として、唯一、北大西洋条約機構（NATO）に加盟し、反ソ連＝親西欧路線を明確にした。しかし、他方、国内的には、国軍によるクーデターが頻発し、軍部による強権的な政治体制が維持され、政情不安が続いた。

一九七〇年代には、ギリシャとの間で、キプロス島の帰属を巡って軍事紛争（キプロス紛争）が起こった。地中海に浮かぶキプロス島には、古くからギリシャ系住民が住んでいたが、十六世紀末にオスマン帝国領に編入された。その後、十九世紀末にイギリスの統治へと移り、第一次大戦後、イギリス直轄領となった。しかし、島民の多数派であるギリシャ系住民は、一九六〇年にイギリスからの独立を勝ち取り、キプロス共和国を樹立したが、そのとき、島民の二〇パーセントを占める少数派のトルコ系住民との間に島の帰属をめぐって激しい対立が生じた。そこにトルコ共和国が軍事介入し、一九七四年、島の北半分の北キプロスを事実上分離独立させ、北キプロス・トルコ共和国を成立させた。ただ、これを国家として承認するのはトルコ共和国だけである。島の南北間の対立は今も続き、境界線であるグリーンラインは、現在でも国連平和維持軍の監視下にある。

一九八〇年代に入ると、クルド民族独立運動の激化による政情不安が起こった。この問題の根源をたどれば、第一次大戦後、オスマン帝国と連合国との間に結ばれたセーヴル条約で約されていたクルド民族国家の独立が、その後、アタテュルク率いる新しいアンカラ政府によって無効になってしまったことに行き当たる。

セーヴル条約は第一次大戦に敗北したオスマン帝国の領土を分割し再配分する目的をもっていたが、締結後、ギリシャはビザンチン帝国復興をめざし、条約の範囲を超えて、さらなる領土拡張を目論んでアナトリア半島に侵攻した。このギリシャ侵攻を阻止したアンカラ政府軍は、セーヴル条約を受け入れず、連合国との間にそれにかわる新たなローザンヌ条約を締結した。しかし、ローザンヌ条約では、クルド民族独立は掲げられなかった。その上、この条約では、イスラム教徒ではないアルメニア人やユダヤ人たちには少数民族としての法的な保護が与えられたが、イスラム教徒だったクルド人は少数民族とは見なされず、「民族国家」の一員として同化政策が強制された。クルド語の固有性が否定され、トルコ語の一方言として矯正の対象とされたのが、その顕著な例である。

このような同化の強制に対し、民族の独立を求めるクルド人は、独立国家の樹立へと武装闘争を開始した。一九七〇年代には、マルクス主義革命組織のクルディスタン労働者党（ＰＫＫ）が活動を活発化させたが、この動きに対して、トルコ政府は徹底的な武力弾圧を試みた。その後、トルコとＰＫＫとの間で、停戦と武力衝突が繰り返されたが、二〇一三年に、トルコ政府とＰＫＫとの間で、問題解決に向け対話が始まり、現在に至っている。

今日のトルコの政治状況としては、二〇一四年に、初の国民投票により大統領選挙が行なわれ、エルドアンが大統領に選出されたことが注目される。これによって、共和国建国以来続いてきた議院内閣制が、実権型大統領制へと変更されることになった。これに先立つ二〇〇二年、エルドアンが率いる公正発展党（ＡＫＰ）による政権が発足。それ以来、危惧されていたトルコのイスラム回帰が顕著に現れ始めていることは、いくつか本書にも取り上げた。また、エルドアン大統領の強権的な政治手腕に対する批判も内外から高まっている。クーデターに加担したという疑いで、政敵とみなす宗教団体が経営する教育機関を強制的に閉鎖したり、批判的なジャーナリストや知識人を追放したり、不正確な記事を掲載したという理由で有力ウェブサービスへのアクセスを禁止したりするなど、強権的な姿勢が目立っている。

他方、AKPは、二〇〇五年以後、EU加盟をめざして熱心に交渉を進めてきたが、近年では、EU加盟熱は冷め、それに代わって、中央アジア諸国との関係強化に向かっているようである。

アナトリアという土地の歴史

長い長いトゥルク人の歴史を短い紙数で概観してきた。ところで、トルコの歴史を語るとき、これまで書いてきた人間の歴史、つまりトゥルク人からトルコ人へと受け継がれてきた「民族の歴史」以外に、もう一つ、アナトリア地域という「土地の歴史」についても等しく見つめる必要がある。

この後者の部分、つまり、オスマン帝国を経て現在のトルコ共和国の領土であるアナトリア地域とは、アジア大陸の最西部に位置し、西はボスポラス海峡とダーダネルス海峡を挟んでヨーロッパと接し、北は黒海、南西はエーゲ・地中海によって区切られ、そして、南東にはアラブ世界、東にはイランに陸続する土地である。そして、その歴史に目を移せば、馬と鉄器を駆使した紀元前のヒッタイト文明にまで遡ることができる。そして、そこには、日本の世界史の教科書にも名が登場するウラルトゥ、フィリギア、リュディア、古代ギリシャなどの古代王国や都市国家、ローマ帝国、ビザンチン帝国などの大帝国がつぎつぎと現れては消えていった。アナトリア地域は、古代文明が栄枯盛衰を繰り広げるいわば「ひのき舞台」だった。

文化史的な観点からみれば、このアナトリア地域は、古代におけるヘレニズム文化（ギリシャ・ローマ文化）の浸透から始まり、中世におけるキリスト教文化とイスラム教文化のせめぎ合いを経て、近世以後におけるオスマン帝国文化の爛熟を経験し、今日の世俗主義に至る長い長い変化の道程を歩んできたことになる。

トルコの歴史には、このトゥルク人の「民族の歴史」とアナトリアという「土地の歴史」の二つの要素が複雑に絡み合っているのである。

トルコ料理　お薦めのレシピ集

最後にトルコ料理のレシピを加えることにした。文章で楽しんでいただいたトルコ料理を実際に舌で経験していただければうれしい。私が、このレシピを選んだ基準は次の四つだ。

一　本文中で紹介した料理

二　日本のスーパーなどで比較的容易に手に入る（あるいは代用できる）材料で作れる料理
たとえば、スマックというハーブを「ゆかり」（赤紫蘇ふりかけ）で、ドマテス・サルチャスをトマトピューレで、乳製品のカイマックをクロテッドクリームで代用した。

三　調理の過程が比較的簡単で、かつ繊細な味付けをしなくてもよい料理
調理を簡単にするため、「これでトルコ料理？」とのお叱りを承知で、ボレキに使う小麦の薄皮（ユフカ）には春巻きの皮を、マントゥの皮には餃子の皮を使った。

四　実際に私がよく作り、食べた友人たちから美味しいと定評をもらっている料理

わずか十四種類の料理だけれど、一応、スープからデザートまでご紹介した。どうぞ楽しんでいただきたい。

つぎに、このレシピの読み方について一言。レシピには、材料と簡単な手順だけを記した。材料欄では、香辛料など好みで省略できる材料は〈 〉の中に表記した。また、＊印は、私からのちょっとしたアドバイスやコメントである。

さて、なぜ簡単な手順しか書かなかったかには理由がある。トルコのほとんどのレシピ本は、材料の分量をスプーン何杯とか、チャイグラス何杯としか書いていない。グラム数が細かく載っている日本のものとは違い、実に大雑把だ。正確な分量が必須と思われるお菓子についても同じだ。「必要なだけの小麦粉」という目を疑うような表記すらある。そもそもトルコでは、市販の小麦粉に「薄力」と「強力」の区別がない。

「アバウトすぎない？」とトルコ人に聞くと、「グラム数を計るなんて面倒で、そんな料理は作りたくない」と言われた。だがそのかわり、トルコには、ヨーグルト発酵の際の牛乳の温度を「入れた小指が耐えられるぐらいの熱さ」などとする独特の計り方がある。

これで私がなぜこんなレシピ表記にしたのか分かっていただけただろう。みなさんにも、トルコ式のおおらかでアバウトな料理を楽しんでいただきたいからだ。料理を通して、そんなトルコ食文化に触れていただければうれしい。

それでは、どうぞ「アーフィェトースン（Afiyet olsun＝召し上がれ）！」

①トマトのスープ　Domates Çorbası＝ドマテス・チョルバス

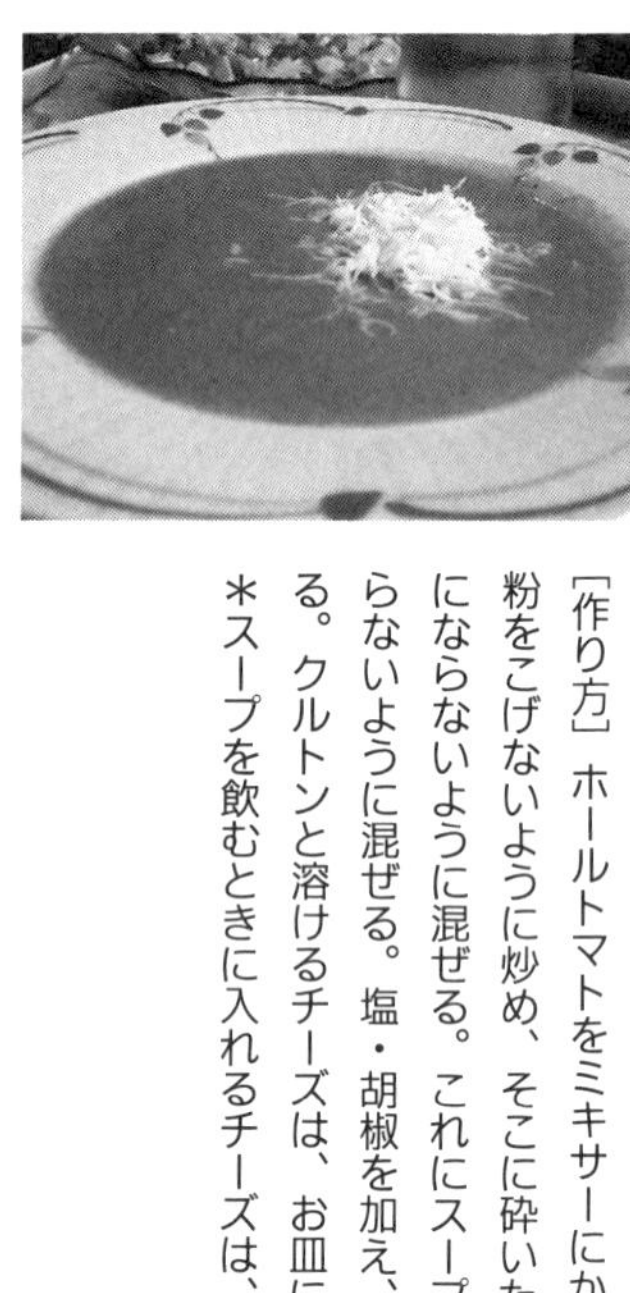

〔材料〕ホールトマト缶、スープストック、バター、小麦粉、塩・胡椒、クルトン、溶けるチーズ

〔作り方〕ホールトマトをミキサーにかけ砕いておく。次に、バターで小麦粉をこげないように炒め、そこに砕いたトマトを加え、炒めた小麦粉がだまにならないように混ぜる。これにスープストックを少しずつ加え、だまにならないように混ぜる。塩・胡椒を加え、とろみがつくまで弱火で煮て仕上げる。クルトンと溶けるチーズは、お皿に持った後、仕上げにかける。

＊スープを飲むときに入れるチーズは、細かい方が溶けやすい。

②赤レンズ豆のスープ　Mercimek Çorbası＝メルジメック・チョルバス

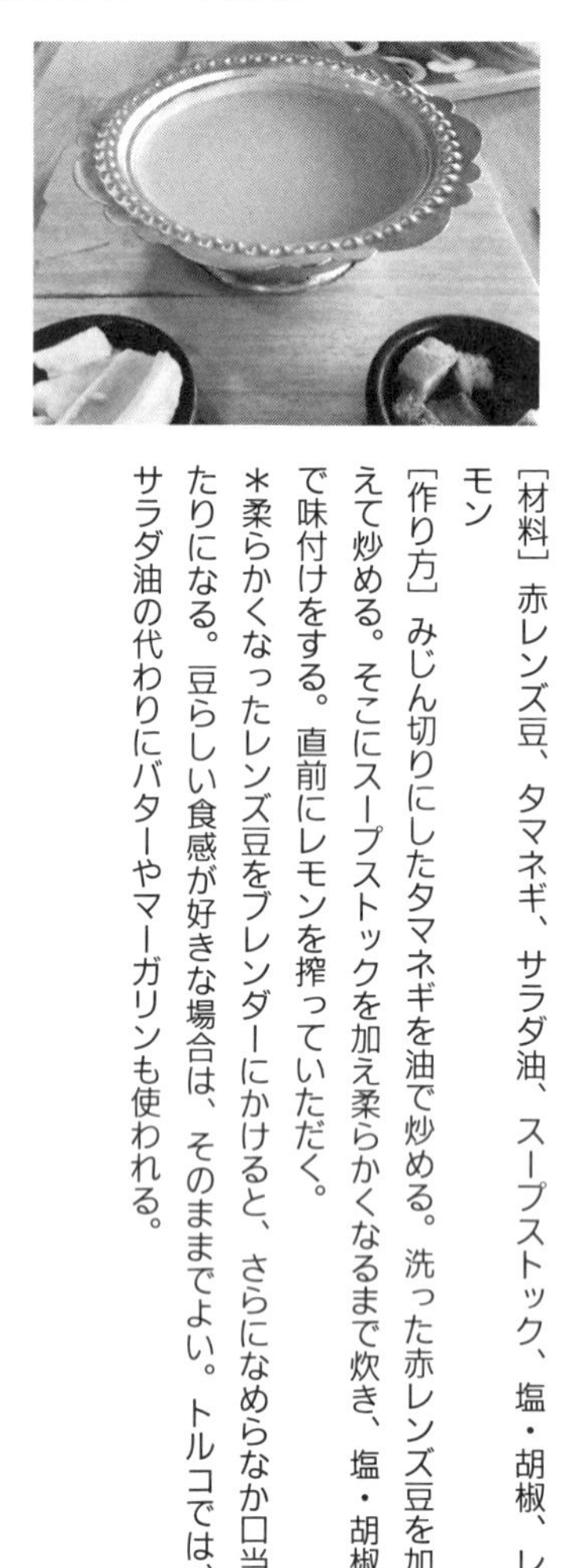

〔材料〕赤レンズ豆、タマネギ、サラダ油、スープストック、塩・胡椒、レモン

〔作り方〕みじん切りにしたタマネギを油で炒める。洗った赤レンズ豆を加えて炒める。そこにスープストックを加え柔らかくなるまで炊き、塩・胡椒で味付けをする。直前にレモンを搾っていただく。

＊柔らかくなったレンズ豆をブレンダーにかけると、さらになめらかな口当たりになる。豆らしい食感が好きな場合は、そのままでよい。トルコでは、サラダ油の代わりにバターやマーガリンも使われる。

③茄子のサラダ　Patlıcan Salatası ＝パトルジャン・サラタス

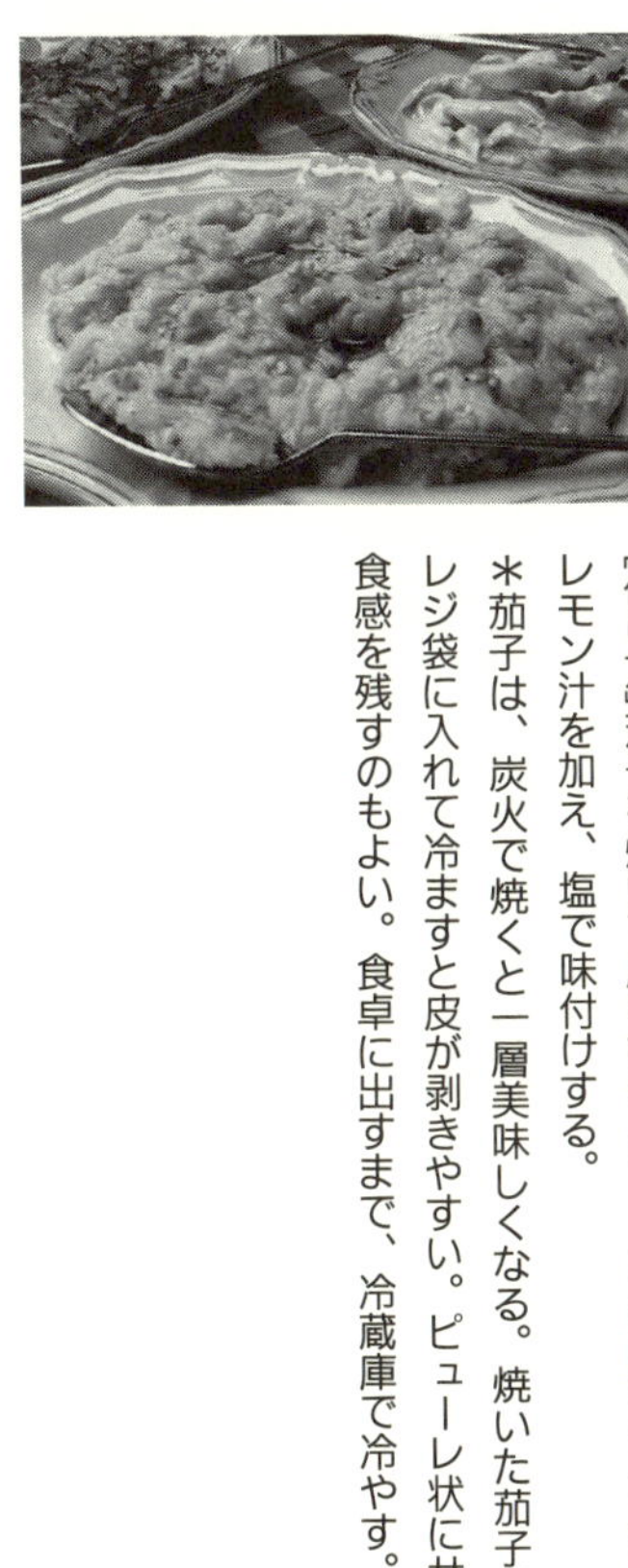

〔材料〕茄子、オリーブオイル、ニンニク、レモン汁、塩
〔作り方〕茄子を焼いて皮をむき、ピューレ状にする。これに、オリーブオイル、レモン汁を加え、塩で味付けする。
＊茄子は、炭火で焼くと一層美味しくなる。焼いた茄子は、皮を剥く前に、レジ袋に入れて冷ますと皮が剥きやすい。ピューレ状にせず、細かく切って食感を残すのもよい。食卓に出すまで、冷蔵庫で冷やす。

④ポテトサラダ　Patates Salatası ＝パタテス・サラタス

〔材料〕ジャガイモ、卵、ネギ、にんにく、ミント、ディル、クミン、「ゆかり」（スマックの代用）、オリーブオイル、塩
〔作り方〕ジャガイモと卵を茹で、適当な大きさに切る。次にネギを刻み、ニンニクはみじん切りにする。最後に残りの材料であるミント、ディル、クミン、「ゆかり」（スマックの代用）、オリーブオイル（たっぷりと多めに使うのがトルコ式）、塩をすべて混ぜ合わせる。
＊生ミントがなければ、ドライミントでもいい。香辛料のスマックの代わりに「ゆかり」を使う時は、すでに酸味があるのでレモン汁などを加える必要はない。

⑤モロッコインゲンのトマト煮込み
Taze Fasulye ＝ターゼ・ファスリエ

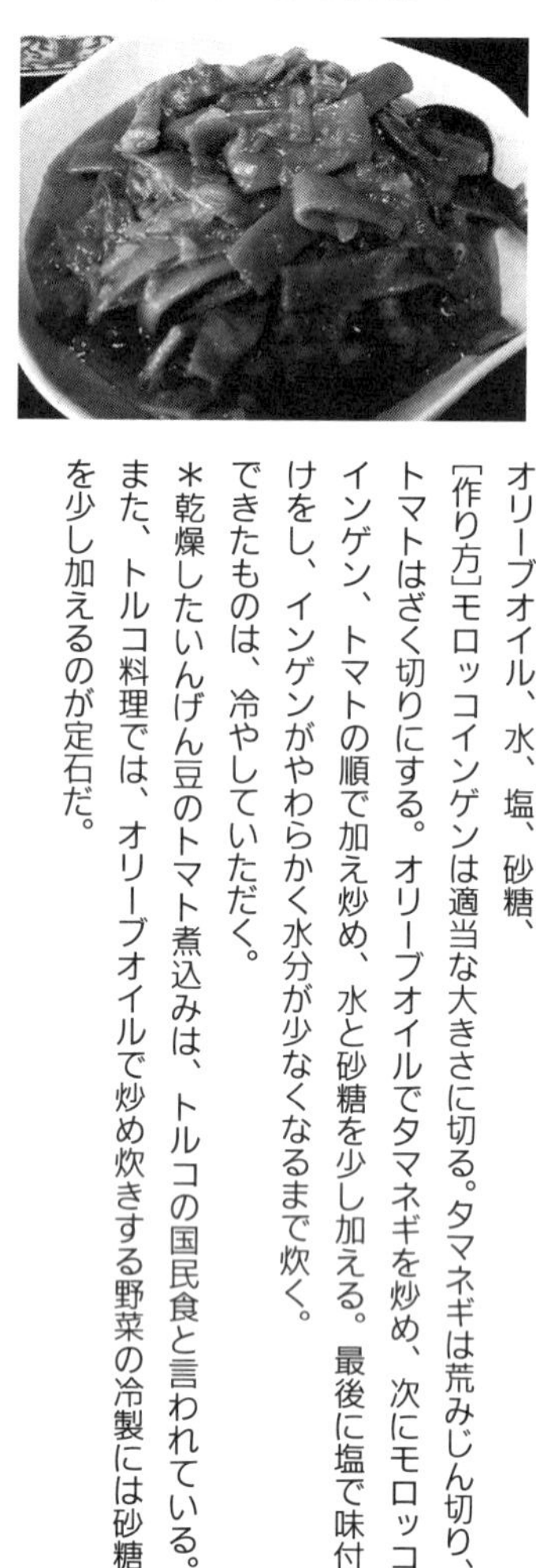

［材料］モロッコインゲン、トマト（あるいはトマトピューレ）、タマネギ、オリーブオイル、水、塩、砂糖、
［作り方］モロッコインゲンは適当な大きさに切る。タマネギは荒みじん切り、トマトはざく切りにする。オリーブオイルでタマネギを炒め、次にモロッコインゲン、トマトの順で加え炒め、水と砂糖を少し加える。最後に塩で味付けをし、インゲンがやわらかく水分が少なくなるまで炊く。できたものは、冷やしていただく。
＊乾燥したいんげん豆のトマト煮込みは、トルコの国民食と言われている。また、トルコ料理では、オリーブオイルで炒め炊きする野菜の冷製には砂糖を少し加えるのが定石だ。

⑥うず巻きボレキ　Gül Böreği ＝ギュル・ボレイ

［材料］春巻きの皮（ユフカの代用）、ほうれん草、カッテージチーズ、ヨーグルト、卵、オリーブオイル、水、塩・胡椒
［作り方］卵をフォークでほぐす。そこに、ヨーグルト、オリーブオイル、水を入れて卵液を作る。次にほうれん草をざく切りにして、塩・胡椒し、オイルでさっと炒めて具を作っておく。春巻きの皮の上に、具とカッテージチーズを置き、対角線方向にくるくると具を巻き上げていく。このとき、左右の両端は巻き込まず、筒状に巻き上げる。巻き上がったら、それを今度は渦巻きデニッシュパンをこしらえる要領で一方の端から渦状に円形に巻いていく。巻き終わりの端の処理は、生地の下に敷き込んで止める。最後に、刷毛で卵液を十分全体に塗って湿らし、オーブンでこんがりと焼き上げる。
＊卵をほぐすときには、白身をしっかりと切るが、泡立てない。

⑦松の実とカラントのピラウ Çam fıstıklı Kuş üzümlü Pilav ＝チャム・フストゥックル・クシュ・ユズムル・ピラウ

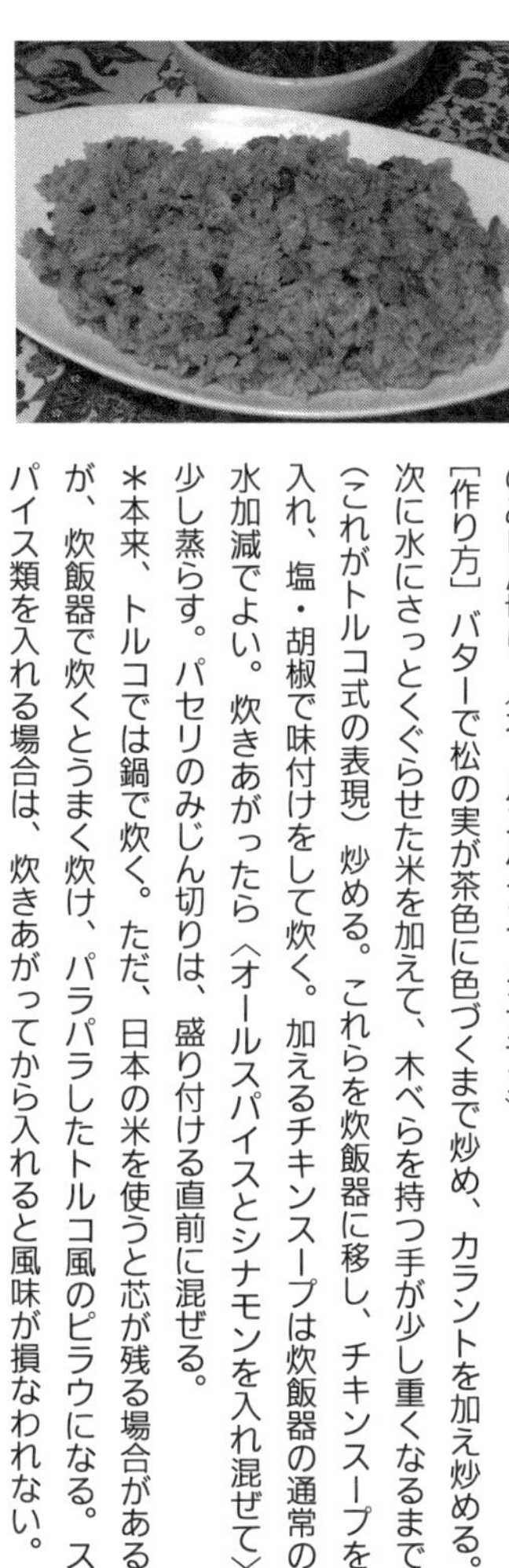

［材料］米、チキンスープ、松の実、カラント、塩、胡椒、バター、パセリのみじん切り、〈オールスパイス、シナモン〉

［作り方］バターで松の実が茶色に色づくまで炒め、カラントを加え炒める。次に水にさっとくぐらせた米を加えて、木べらを持つ手が少し重くなるまで（これがトルコ式の表現）炒める。これらを炊飯器に移し、チキンスープを入れ、塩・胡椒で味付けをして炊く。加えるチキンスープは炊飯器の通常の水加減でよい。炊きあがったら〈オールスパイスとシナモンを入れ混ぜて〉少し蒸らす。パセリのみじん切りは、盛り付ける直前に混ぜる。

＊本来、トルコでは鍋で炊く。ただ、日本の米を使うと芯が残る場合があるが、炊飯器で炊くとうまく炊け、パラパラしたトルコ風のピラウになる。スパイス類を入れる場合は、炊きあがってから入れると風味が損なわれない。

⑧マントゥ　Mantı

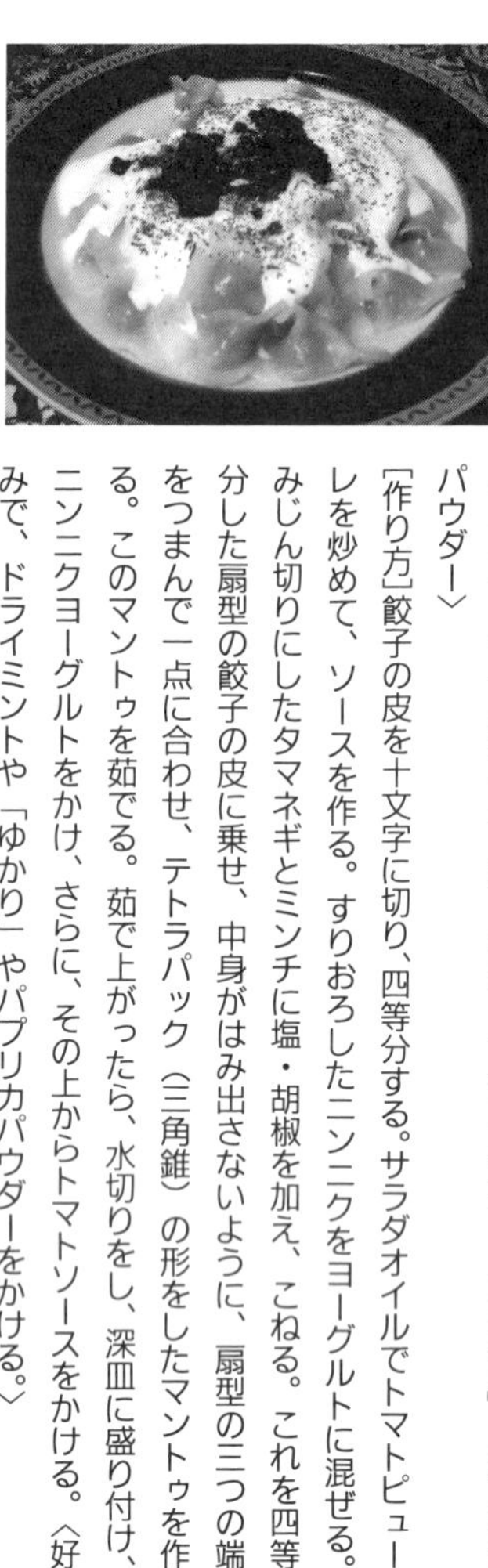

［材料］大判の餃子の皮、牛ミンチ、タマネギ、トマトピューレ、ヨーグルト、ニンニク、サラダオイル、塩・胡椒、〈ドライミント、「ゆかり」、パプリカパウダー〉

［作り方］餃子の皮を十文字に切り、四等分する。サラダオイルでトマトピューレを炒めて、ソースを作る。すりおろしたニンニクをヨーグルトに混ぜる。みじん切りにしたタマネギとミンチに塩・胡椒を加え、こねる。これを四等分した扇型の餃子の皮に乗せ、中身がはみ出さないように、扇型の三つの端をつまんで一点に合わせ、テトラパック（三角錐）の形をしたマントゥを作る。このマントゥを茹でる。茹で上がったら、水切りをし、深皿に盛り付け、ニンニクヨーグルトをかけ、さらに、その上からトマトソースをかける。〈好みで、ドライミントや「ゆかり」やパプリカパウダーをかける。〉

＊マントゥの皮は餃子の皮で代用できる。本来はスマックという香辛料を使うが、「ゆかり」で代用できる。マントゥは、十五世紀にコンスタンチノープルを陥落させたメフメット二世も大好物だった。

⑨（ピーマン、ズッキーニ、茄子の）ドルマ
Dolma

［材料］ピーマン、ズッキーニ、茄子、バター、水、（以下詰め物の材料）にんにく、タマネギ、トマト、みじん切りしたイタリアンパセリ（なければパセリ）、牛ミンチ、米、オリーブオイル、トマトピューレ（生トマトがたっぷりある場合は不要）、パプリカパウダー、バルサミコ酢（あるいはレモン汁）、ドライミント、塩・胡椒

［作り方］下ごしらえとして、ピーマン、ズッキーニ、茄子は、それぞれヘタを切り取り（ヘタは捨てずにとっておく）、ピーマンは種を取り除き、ズッキーニと茄子はできるだけ皮が薄く残るように中身をくり抜いておく。次に、詰め物をつくる。まず、タマネギをみじん切りにして塩でもみ、そこに、みじん切りしたニンニク、ざく切りにしたトマト、ミンチを加える。これに米とオリーブオイル以外の材料を全て加え、よく混ぜる。次に、手のひらで軽く一握りするぐらい（トルコのお母さんは実際に手に握ってみせてくれた）のごく少量の米を、ピーマン、ズッキーニ、茄子の数だけ加え、オリーブオイルも加えてさらに混ぜる。この詰め物を、下ごしらえしておいたピーマン、ズッキーニ、茄子に詰め、ヘタで蓋をする。次に、フライパンに（焦げ付き防止のため）イタリアンパセリの軸を敷き、その上に、詰めたピーマン、ズッキーニ、茄子を並べ、バターと水を加えて炊く。このとき、フライパンには蓋をし、最初は強火で、沸騰した後は弱火にする。そして、柔らかくなり、煮汁が少なくなったら火を止める。

＊野菜の中身をくりぬくときは、皮や底が破れないように注意する。中身を詰めすぎると破裂するので八分目ぐらいにする。米は研ぎこまずさっと洗う程度でよい。新タマネギや、よく熟れたトマトを使う場合は、最後に入れる水は少な目にする。

⑩うまい菜のサルマ Pazı Salması ＝パズ・サルマス

［材料］うまい菜（別名ふだん草）、バター、水、（詰め物に使う材料は前項のドルマと同じ）
［作り方］うまい菜の軸を切って、葉をさっと茹でる。葉の軸に近い方に詰め物を置き、葉の先に向かってロールキャベツのように詰め物を巻いていく。巻き上がりが人差し指ほどの太さと長さになるように巻くとよい。次に、フライパンに、ドルマの場合と同じようにイタリアンパセリの軸を敷き、その上に巻き上がったサルマを並べ、ドルマの場合と同じ要領で炊き上げる。
＊うまい菜の硬い軸の部分も、湯がいてみじん切りにしたものをいっしょに詰め物に加えてもよい。ドルマと違い、米は少量でよい。サルマを炊く時、バラバラにならないように、並べたサルマの上にお皿を一枚乗せてから蓋をして炊くとよい。

⑪「皇帝のお気に入り」 Hünkar Beğendi ＝ヒュンキャル・ベーエンディ

［材料］茄子、牛乳、溶けるチーズ、小麦粉、バター、塩、胡椒、ナツメグ
［作り方］焼き茄子を作り、皮をむいて、身を小さく切り、それをバターで炒める。そこに、小麦粉をだまにならないように振りかけ、弱火で炒める。そこに牛乳を少しずつ入れ、よく混ざったら、溶けるチーズを入れ、チーズが溶けて全体が混ざりあったら火を止める。最後に、塩・胡椒、ナツメグで味を整える。
＊この上に、チキンやラムのトマトソース煮込み、または、ミンチのトマトソース煮をかけても美味しい。チキンソテーのサイドディッシュとしても楽しめる。ヨーロッパ由来のベシャメルソースとトルコ人の好物の茄子が合体した料理。近代のタンジマート改革以後に変化したトルコ料理の一つだといえよう。

⑫チキンとポテトのトマト煮込み Tavuklu Patates Tava ＝タヴックル・パタテス・タヴァ

［材料］チキン、ポテト、タマネギ、トマト、万願寺唐辛子、トマトピューレ（ドマテス・サルチャスの代用）、オリーブオイル、バター、塩、胡椒、タイム、水

ポテト、タマネギ、トマトは、それぞれ輪切りにする。

［作り方］熱する前のフライパンに、オリーブオイルを注ぎ、適当な大きさに切ったチキンを並べる。その上から、それぞれ輪切りにしたタマネギ、ポテト、トマトを重ねて置く。つぎに、材料の隙間に万願寺唐辛子と皮を剥いたにんにくを差し込み、さらにバターも材料の隙間に押し込む。次にタイムをふりかけ、塩・胡椒をし、水で溶いたトマトペーストを加えて蓋をして火に掛け、柔かくなるまで煮込む。

＊チキンが焦げないように注意しながら煮込む。フライパンは、テフロン加工など、焼け焦げしないタイプがよい。にんにくは、つぶが大きいときは、適当な大きさに切る。

⑬マルメロの砂糖煮　Ayva Tatlısı ＝アイヴァ・タットゥルス

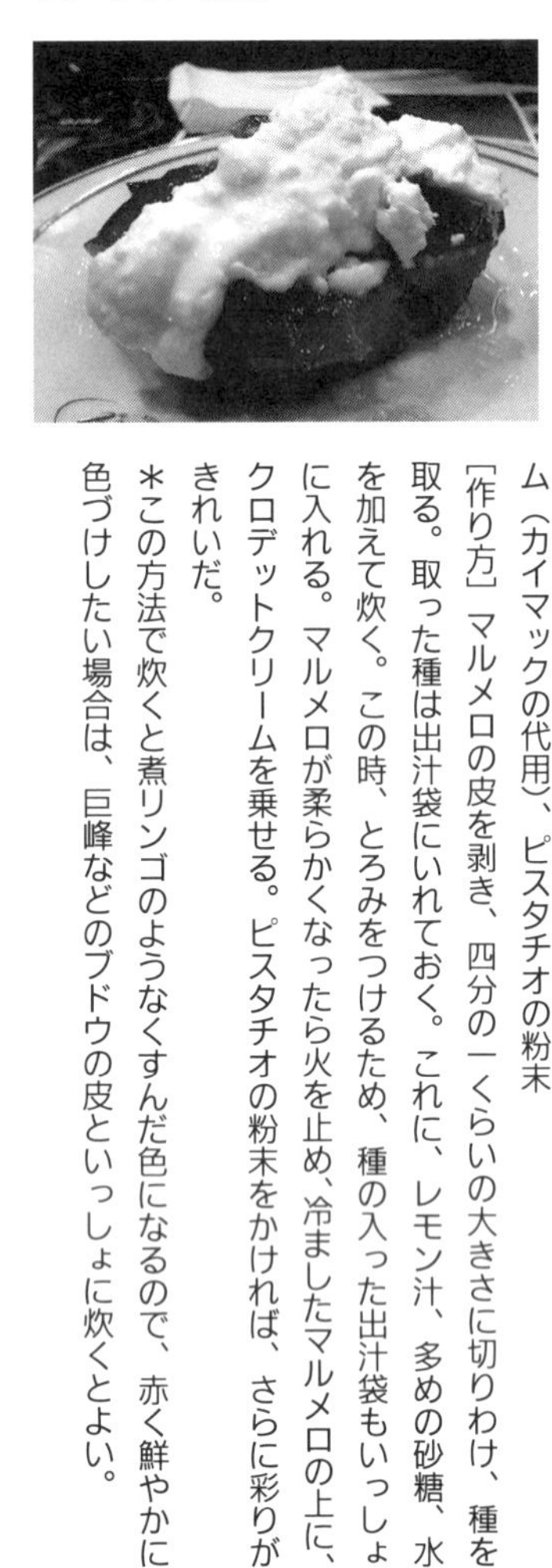

［材料］マルメロ（あるいはカリン）、砂糖、レモン汁、水、クロデットクリーム（カイマックの代用）、ピスタチオの粉末

［作り方］マルメロの皮を剥き、四分の一くらいの大きさに切りわけ、種を取る。取った種は出汁袋にいれておく。これに、レモン汁、多めの砂糖、水を加えて炊く。この時、とろみをつけるため、種の入った出汁袋もいっしょに入れる。マルメロが柔らかくなったら火を止め、冷ましたマルメロの上に、クロデットクリームを乗せる。ピスタチオの粉末をかければ、さらに彩りがきれいだ。

＊この方法で炊くと煮リンゴのようなくすんだ色になるので、赤く鮮やかに色づけしたい場合は、巨峰などのブドウの皮といっしょに炊くとよい。

⑭アイラン（塩入りヨーグルト・ドリンク）　Ayran

［材料］ヨーグルト、水、塩

［作り方］実に簡単で、ヨーグルトと水と塩をブレンダーかミキサーで撹拌するだけ。

＊夏に愛飲される塩入りヨーグルト・ドリンク。泡が立つまで撹拌して飲むとなお美味しい。塩加減はお好みで。飲む時にミントの葉を入れても、さっぱりと美味しい。

参考文献

日本語

アレン、W.E.D.『一六世紀世界史におけるトルコ勢力の諸問題』尾高晋己訳、あるむ、二〇一一年
井藤聖子・山中速人「近世トルコの口承文芸にみる都市のイメージとエスニシティの多様性――メッダー噺とそこに表現されたイスタンブルとエスニック集団」『Journal of Policy Studies』第五〇号、関西学院大学総合政策学部研究会、二〇一五年、四五‐六〇頁
井藤聖子・山中速人「マルマラ地震（一九九九・トルコ）被災者の口述記録調査のエスノグラフィ――トルコにおける災害の集合的記憶の伝承をめぐって」『Journal of Policy Studies』第五八号、関西学院大学総合政策学部研究会、二〇一九年、二‐一七頁
粕谷元「第四章　トルコ共和国成立期の「国民」（millet）概念」『民族主義とイスラーム――宗教とナショナリズムの相克と調和』日本貿易振興会アジア経済研究所、二〇〇一年、一一三‐一四〇頁
小玉新次郎『西アジアの歴史』講談社、一九七九年
澤井一彰『オスマン朝の食糧危機と穀物供給――一六世紀後半の東地中海世界』山川出版社、二〇一五年
鈴木董『世界の食文化9　トルコ』農山漁村文化協会、二〇〇三年
永田雄三編『世界各国史9　西アジア史II――イラン・トルコ』山川出版社、二〇〇二年
ニコル、デヴィッド『イスラーム世界歴史地図』清水和裕監訳、明石書店、二〇一四年
野中恵子『史跡・都市を巡るトルコの歴史――歴史を歩く　古代から二〇世紀までの文明を探る』ベレ出版、二〇一五年

パムク、オルハン『僕の違和感』（上・下巻）宮下遼訳、早川書房、二〇一六年
間野英二『中央アジアの歴史』講談社、一九七七年
間野英二・堀直・中見立夫・小松久男『内陸アジア』朝日新聞社、一九九二年
間野英二・堀川徹編『中央アジアの歴史・社会・文化』放送大学教育振興会、二〇〇四年
マントラン、ロベール『トルコ史』（文庫クセジュ・五八六）小山皓一郎改訳、白水社、一九八二年
護雅夫『古代遊牧帝国』中央公論社、一九七六年
護雅夫『古代トルコ民族史研究』（一―三、別冊）山川出版社、一九六七―一九九七年
レンギル『トルコ・その民族と歴史』荒井武雄訳、大空社、二〇一五年

英語

And, Metin, *Ottoman Figurative Arts 1:Miniature*, M.Sabri Koz, Darmin Hadzibegoviç (eds.), Feyza Howell (trans.), İstanbul, Yapı Kredi Yayınları, 2014.
Güler, Ara, *Ara Güler's Istanbul*, Maureen Freely (trans.), London, Thames & Hudson, 2011.
Kaya, Şahin, *Empire and power in the reign of Süleyman : narrating the sixteenth-century Ottoman world,* Cambridge University Press, 2013
Özendes, Engin, *The Last Ottoman Capital,* İstanbul, YEM yayın, 2008.

トルコ語

Akyavaş, A.Ragıp, "Sebzeler Üzerine Çeşitlemeler", M. Sabli Koz (Haz.), *Yemek Kitabi*, Istanbul, Kitabebi, 2008, pp.258-263.
Alpargu, Mehmet, "12.Yüzyıla Kadar İç Asya'da Türk Mutfak Kültürü", Bilgin,Arif and Özge,Samancı (eds.), *Türk Mutfağı*, Ankara, Kültür ve Turizm Bakanlığı yayınları, 2008, pp.17-25.

Arslan Sevin, Necla, *Gravürlerde Yaşayan Osmanlı*, Ankara, Kültür ve Turizm Bakanlığı Yayınları, 2006.

Artun, Erman, "Adana Mutfak Kültürü ve Adana Yemeklerinden Örnekler", M. Sabli Koz (Haz.), *Yemek Kitabi*, Istanbul, Kitabebi, 2008, pp.425-461.

Bahçeci, B. Semiha and Okumuş, Salih, "Tanzimat Hikâye ve Romanlarında Seyyar Satıcılar", *Türk Uluslararası Dil, Edebiyat ve Halkbilimi Araştırmaları Dergisi*, 2017, No.9, pp.71-84.

Bilgin, Arif, "Klasik Dönem Osmanlı Saray Mutfağı", Bilgin, Arif and Özge, Samancı (eds.), Türk Mutfağı, Ankara, Kültür ve Turizm Bakanlığı yayınları,2008, pp.71-91.

Bilgin, Arif, "Seçkin Mekânda Seçkin Damaklar: Osmanlı Sarayında Beslenme Alışkanlıkları(15.-17.Yüzyıl)", M. Sabli Koz (Haz.), *Yemek Kitabi*, Istanbul, Kitabebi, 2008, pp.78-118.

Çetin, Altan, "Karahanlı-Selçuklu-Memlûk Çizgisinde Türk Mutfağı", Bilgin, Arif and Özge, Samancı (eds.), *Türk Mutfağı*, Ankara, Kültür ve Turizm Bakanlığı yayınları, 2008, pp.27-37.

D'Ohsson, I. M., "Umumiyetle Yiyecekler", M. Sabli Koz (Haz.), *Yemek Kitabi*, Istanbul,Kitabebi, 2008, pp.206-215.

Duman, Mustafa, "Trabzon-Maçka'da, 1950-1960 Yılları Arasındaki Geleneksel Mutfak Kültürü", M. Sabli Koz (Haz.), *Yemek Kitabi*, Istanbul, Kitabebi, 2008, pp.793-830

Eren, Hasan, "Yoğurt", M. Sabli Koz (Haz.), *Yemek Kitabi*, Istanbul, Kitabebi, 2008, pp.198-205.

Fuat, Memet (der.), *Nasreddin Hoca Fıkraları*, Koray Karasulu (ed.), İstanbul, Türkiye İş Bankası Kültür Yayınları, 2016.

Göl Özçörekçi, Nilüfer Zeynep, "Gaziantep Yemeklerinin Türk Mutfağı İçindeki Popülerliği", M. Sabli Koz (Haz.), *Yemek Kitabi*, Istanbul, Kitabebi, 2008, pp.634-680.

Güdek, Merve and Boylu,Yasin, "Türkiye'de Yükseköğretim Düzeyinde Gastronomi Eğitimi Alan Öğrencilerin Beklenti ve Değerlendirmelerine Yönelik Bir Araştırma", *Journal of Toruism and Gastronomy Studies*, 2017, pp.489-503.

Güler, Sibel, "Türk Mutfak Kültür ve Yeme İçme Alışkanlıkları", *Dumlupınar Üniversitesi Sosyal Bilimler Dergisi*, 2010, No.26,

Kaplan, Sefa, *Batılı Gezginlerin Gözüyle İstanbul,* Sultan Polat (ed.), İstanbul, İstanbul Büyükşehir Belediyesi Kültür Yayınları, 2006.

Karagöz, İsmail and Altuntaş, Halil, *Oruç İlmihali*, Ankara, Diyaret İşleri Başkanlığı Yayınları, 2008.

Kurnaz, Alper, Kurnaz, Hand Akyurt, and Kılç, Burhan, "Önlisans Düzeyinde Eğitim Alan Aşçılık Programı Öğrencilerinin Mesleki Tutumlarının Belirlenmesi", *Muğla Sıtlı Koçman Üniversitesi Sosyal Bilimler Enstitüsü Dergisi*, 2014, No.32, pp.41-61.

Kut, Günay, "Şirvânî'nin Yemek Kitabı Çevirisine Eklediği Yemekler Üzerine", M. Sabli Koz (Haz.), *Yemek Kitabi*, Istanbul, Kitabebi, 2008, pp.119-127.

Kut, Günay, "Şenliklerde Ziyafet Sofraları", Bilgin, Arif and Özge, Samancı (eds.), *Türk Mutfağı*, Ankara, Kültür ve Turizm Bakanlığı yayınları, 2008, pp.93-113.

Kut,Turgut, "Eski Harfli Basılı Yemek Kitapları Bibliyografyası (1844-1927)", Bilgin, Arif and Özge, Samancı (eds.), *Türk Mutfağı*, Ankara, Kültür ve Turizm Bakanlığı yayınları, 2008, pp.329-337.

Nasrettınoğl, İrfan Ünver, "Türk Mutfağının Başka Ülkelerin Mutfaklarına Etkileri", M. Sabli Koz (Haz.), *Yemek Kitabi*, Istanbul, Kitabebi, 2008, pp.273-280.

Nesin, Aziz, *Nasrettin Hoca: Gültüler*, İstanbul, Nesin Yayıncılık, 2017.

Oral, M.Zeki, "Selçuk Devri Yemekleri ve Ekmekleri", M. Sabli Koz (Haz.), *Yemek Kitabi*, Istanbul, Kitabebi, 2008, pp.18-34.

Pamuk, Orhan, *Kafamda Bir Tuhaflık*, İstanbul, Yapı Kredi Yayınları, 2016.

Samancı, Özge, "İmparatorluğun Son Döneminde İstanbul ve Osmanlı Saray Mutfak Kültürü", Bilgin, Arif and Özge, Samancı (eds.), *Türk Mutfağı*, Ankara, Kültür ve Turizm Bakanlığı yayınları, 2008, pp.199-217.

Sauner, M.Hélène, "Günümüz Türkiyesi'nin Beslenme Alışkanlıkları", Bilgin, Arif and Özge, Samancı (eds.), *Türk Mutfağı*, Ankara, Kültür ve Turizm Bakanlığı yayınları, 2008, pp.261-279.

Saz, Leylâ, "Harem'de Yemekler", M. Sabli Koz (ed.), *Yemek Kitabi*, Istanbul, Kitabebi, 2008, pp.216-221.

Şahin, Haşim, "Türkiye Selçuklu ve Beylikler Dönemi Mutfağı", Bilgin, Arif and Özge, Samancı (eds.), *Türk Mutfağı*, Ankara, Kültür ve Turizm Bakanlığı yayınları, 2008, pp.39-55.

Toyfar, Kâmil, "Ramazan Yemekleri ve Mutfak Kültürü", M. Sabli Koz (Haz.), *Yemek Kitabi*, Istanbul, Kitabebi, 2008, pp.175-197.

Trépanier, Nicolas, "14.Yüzyıl Anadolusunda Yemek Kültürü", Bilgin, Arif and Özge, Samancı (eds.), *Türk Mutfağı*, Ankara, Kültür ve Turizm Bakanlığı yayınları, 2008, pp.57-67.

Tufan,Ömür, "Helvahane ve Osmanlı'da Helva Kültürü", Bilgin, Arif and Özge, Samancı (eds.), *Türk Mutfağı*, Ankara, Kültür ve Turizm Bakanlığı yayınları, 2008, pp.124-135.

Ünsal, Artun, "Osmanlı Mutfağı", M. Sabli Koz (Haz.), *Yemek Kitabi*, Istanbul, Kitabebi, 2008, pp.128-158.

Ünsal, Artun, *İstanbu'un Lezzet Tarihi:Geçmişten Günümüze Sofra Sohbetleri ve Evimizin, Yemekleri* [Beyhan Gence Ünsal'ın tarifleriyle], İstanbul, ,NTV yayınları, 2011.

Yerasimos,Marianna, 500 yıllık Osmanlı Mutfağı,İstanbul, Boyuk Matbacılık, 2014.

Yerasimon,Steanos, Sultan Sofraları:15.ve 16.Yüzyılda Osmanlı Saray Mutfağı, İstanbul,Yapı Kredi Yayınları, 2002.

Yıldız, M.Cengiz, "Kent Yaşamının Değişmeyen Marjinalleri:Seyyar Satıcılrı ve İşportacılar", *Fırat Üniversitesi Sosyal Bilimler Dergesi*, 2008, Vol.18, No.2, pp.343-366.

Yıldız, Mehmet, "Türk Resmî Ziyafet Kültüründe Zirve:Fransa İmparatoriçesi Eugénie Onuruna Verilen Muhteşem Ziyafetler (1869)",Millî Folklor, 2014, Yıl 26, No.102, pp.124-137.

図像史料

1-5 : And, Metin, *Ottoman Figuratıve Arts 1:Miniature*, M.Sabri Koz, Darmin Hadzibegoviç (eds.), Feyza Howell (trans.), İstanbul, Yapı Kredi Yayınları, 2014, pp.466.

1-7 : Arslan Sevin, Necla, *Gravürlerde Yaşayan Osmanlı*, Ankara, Kültür ve Turizm Bakanlığı Yayınları, 2006, pp.184-185.

1-9 : Kut, Günay, "Şenliklerde Ziyafet Sofraları", Bilgin, Arif and Özge, Samancı (eds.), *Türk Mutfağı*, Ankara, Kültür ve

Turizm Bakanlığı yayınları, 2008, pp.108.

2-1 : Samancı, Özge, "İmparatorluğun Son Döneminde İstanbul ve Osmanlı Saray Mutfak Kültürü", Bilgin, Arif and Özge, Samancı (eds.), *Türk Mutfağı*, Ankara, Kültür ve Turizm Bakanlığı yayınları, 2008, pp.215.

3-2 : Arslan Sevin, Necla, *Gravürlerde Yaşayan Osmanlı,* Ankara, Kültür ve Turizm Bakanlığı Yayınları, 2006, pp.355.

5-2 : Tufan, Ömür, "Helvahane ve Osmanlı'da Helva Kültürü", Bilgin, Arif and Özge, Samancı (eds.), *Türk Mutfağı*, Ankara, Kültür ve Turizm Bakanlığı yayınları, 2008, pp.124.

5-3 : Arslan Sevin, Necla, *Gravürlerde Yaşayan Osmanlı,* Ankara, Kültür ve Turizm Bakanlığı Yayınları, 2006, pp.362-363.

あとがき

トルコにはtanrı misafiri（タンル・ミサフィリ）という言葉がある。直訳すると「神の客人」だ。客人は神様からのお使いというような意味だろうか。

「もし空腹を抱え、泊まる宿のない人が訪ねてきたら、たとえそれが見ず知らずの人であっても、食事を用意し、泊めてあげる。そして、次の日は、朝食も振る舞って送り出す。」

トルコ人たちの多くは、これこそトルコ人気質だと言って譲らない。家の前を通りかかる人には誰彼となく声をかけ、自分たちが食べているものを勧める風習は、今でも、トルコ各地の村や町に残っている。もちろん、このような心和ませる風習は、トルコだけでなく、世界各地の村や町にも残っているに違いない。

しかし、トルコにあって日本にはない風習が一つある。それは、客人や隣人を朝食に招く風習だ。

イスタンブルにいた頃、住んでいたアパートに両親が滞在したことがあった。すると、同じアパートに住む隣人一家が両親を朝食に誘った。朝食への招待は、他の家族からも届いた。これらの招待に対して、両親とりわけ母は、戸惑いながら「どうして朝ご飯なの?」「トルコでは人を朝食に呼ぶの?」と驚いていた。

日本では、夕食や昼食に他人を招待することはあるが、朝食に招待することは、まずないだろう。しかし、トルコでは、親しい人たちを朝食に呼ぶのは、ごく普通のことだ。そして、そんなときは、いつもより少し贅沢で、手の混んだ朝食が供される。

私にとって、近年で一番印象深かった朝食といえば、なんといっても、二〇一六年七月十六日の朝食である。なぜその日付をはっきりと覚えているかといえば、その前夜、軍によるクーデタが勃発したからだ。

ここで、そのクーデタの夜の出来事をすこし書いておかなければならない。それは、二〇一六年七月十五日、金曜日の夜だった。私は友人宅のバルコニーで、気の置けないトルコの友人たちとモヒートを楽しんでいた。クーデタの第一報が入ったのは十時三十三分だった。友人の一人の携帯に、突然、アメリカで暮らす従妹から「ボスポラス大橋が封鎖されたらしいけど、何が起こっているの?」とメールが入った。私たちには、何が起こったのか全くわからなかった。そうこうしていると、今度は、首都アンカラにいる友人たちが、自分のフェイスブックに「上空を軍用機が轟音を立てて低空飛行している」「銃声が聞こえる。怖い!」「何が起こっているの? 誰か教えて」などと書き込み始めた。

何か不吉なことが始まっているかも知れない。私たちはテレビのスイッチを入れた。

すると、現れたニュース番組のキャスターが、手に握ったスマートフォンの画面をテレビカメラの前に突き出した。カメラが大写ししたその画面には、なんと大統領の顔が映っていた。大統領は自分のスマートフォンの動画通話アプリを使って「外に出てクーデタ勢力と戦え」と、直接、激を飛ばし始めたのだ。

外出禁止令が出たと知るやいなや、友人宅にいた私たちは、散り散りに車で自宅に向かった。しかし、人々が一気に同じ行動を始めたため、交通は大渋滞に陥った。クラクションとわめき声、それを銃声が切り裂いた。カオスだった。家までたどりつけるのか。

緊迫した事態の中で、ハンドルを必死に操っていた友人が突然大声で叫んだ。

「家にパンがないわ！」

「食べるものなら何かあるわ。私が持ってきたラーメンだってあるし」と咄嗟に返したが、無駄だった。友人は、パンがなくてはどうしようもないと叫び、車を急に停めて、パンを買いに飛び出していった。

他のトルコ人たちも同じ事を考えていたようだった。友人が飛び込んだパン屋では、すべてのパンが売り切れていた。しかし、友人は、あきらめず次々とパン屋をさがして車を走らせた。私はその度に一人車に残され心細く友人を待った。そして、ついに友人はパンを手にして満足そうに戻ってきた。

そのとき、私は思い知った。トルコの人々にとって、いや人間にとって、何より大切なものはパンなのだということを。たとえ「人はパンのみによって生きるにあらず」とは言え……。

さて、話を元に戻そう。不安と喧騒に満ちたクーデタの夜が明けた朝、一本の電話がその友人にかかってきた。家にパンがないと不安がる知人からの電話だった。すると、外出禁止令が出ているにもかかわらず、私の友人は、まるで週末のブランチに招待するように「ユムルタル・エクメック・クザルトマス（Yumurtalı ekmek kızartması フレンチトーストのように卵液に浸して揚げたパン）を作るから、一緒に食べよう」と朝食に誘ったのだ。

しばらくして、その人は現れた。目を疑った。どこから銃弾が飛んでくるかわからないのに、その人はおいしい朝食に誘われて嬉々として現れたのだ。「意外と道路は空いていたわ」と言いながら。

トルコ人にとって、おいしい朝食はクーデタの不安をも吹き飛ばす。いや、トルコ人だけではない。人間とは、どんな時にも、おいしい食事に集まってくる生き物なのだ。私が本書を書いた動機の一端がここにある。

＊

私も研究者の端くれなのだから、まず博士論文を出版しなければならないのは重々承知のことだった。しかし、トルコ料理に魅了された私は、本書を優先させてしまった。

私を虜にしたトルコ料理。私はトルコの人々からその作り方を教わり、そのレシピを記録し、また、関連書籍を蒐集した。そして、満を持してそれらを紹介するためにブログを書き始めた。そのブログを読んでくれた友人知人が、本にまとめたらと励ましてくれたのが、本書を書くきっかけとなった。

本書を出版するに当たっては、多くの方々から援助をいただいた。中でも、トルコ料理を理解し、熱心に出版社に繋いでくださった評論家の辛淑玉さんに、まず感謝の意を表したい。辛淑玉さんとは、厳寒の季節にアウシュビッツを訪ねたことがあった。その重さに圧倒され硬く縮んだ心を抱えたままの帰路、乗り継ぎで泊まったイスタンブルのホテルで食べたトルコ料理の朝食が、その心を優しく癒やしてくれた。そのことを覚えていてくださったに違いない。

次に、トルコへの赴任前、私に食事の記録を取るよう助言してくださった井筒八洲恵さん、イスタンブルでの学生時代と補習校勤務時代をとおしてお世話になった多くの方々に感謝の気持ちを伝えたい。さらに出版の機会を与えてくださった現代企画室の太田昌国編集長、編集作業を担当してくださった小倉裕介さんに感謝を申し上げたい。また、くじけそうになる私を叱咤激励し、多くのアドバイスをくれた配偶者の山中速人に、そして、一年で帰ると言っておきながら、十六年もトルコから戻らなかった私を支え続けてくれた両親、井藤良哉、幸子に心からありがとうと言いたい。

ここで、お世話になった多くの（日本語の読めない）トルコの人たちに、トルコ語でひと言感謝を伝えることをお許しいただきたい。

Türkiye'de hem çalışırken hem okurken bana gönülden yardımcı olan arkadaşlarıma, meslektaşlarıma teşekkürlerimi sunuyorum. Sizler olmasaydınız bu kitabım yayınlanmayacaktı.

Sevgili arkadaşım Aslıhan Taş'a ve onun ailesine, Prof. Dr. Mehmet Gündüz'e, Öğretim Görevlisi Fikret Kara'ya, Prof. Dr. Hasret Çomak'a, eşi Doç. Dr. Nebahat Akgün Çomak'a ve kardeşi Nevzat Akgün'e, Topkapı müzesi küratörü Önür Tufan'a, arkadaşım Duran Yergök'e ve özellikle doktora tez danışmanım hocam Prof. Dr. Şeyma Güngör'e şükran duygularımı ifade etmek istiyorum.

最後に、本書を祖父井藤昌圭に捧げる。

二〇一九年　盛夏

井藤聖子

［著者紹介］

井藤聖子（いとう・きよこ）

1964年、兵庫県明石市に生まれる。

武庫川女子大学文学部卒業、国立イスタンブル大学大学院博士課程修了、文学博士。

国立エルジエス大学文理学部専任講師、イスタンブール補習授業校専任講師を経て、

現在、日本トルコ文化協会トルコ語講座講師、関西学院大学経済学部非常勤講師。

主な論文に、*Türk Meddah Hikâyeleri İle Japon Rakugo (Nükteli Hikâye) larının Mukayesesi.* (2012)、「近世トルコの口承文芸にみる都市のイメージとエスニシティの多様性」『総合政策研究』第50号（2015年）など。

ブログ「井藤聖子のトルコ食文化を楽しむ」を公開。

トルコ料理の誘惑　私を虜（トリコ）にした食と文化

発　行	2019年10月29日初版第1刷　2000部
定　価	1800円＋税
著　者	井藤聖子
装　丁	本永惠子デザイン室
発行者	北川フラム
発行所	現代企画室　http://www.jca.apc.org/gendai/ 東京都渋谷区桜丘町15-8-204 Tel. 03-3461-5082 Fax 03-3461-5083 e-mail. gendai@jca.apc.org
印刷所	中央精版印刷株式会社

ISBN978-4-7738-1903-8 C0039 Y1800E